GERHARD SAUTER

Beseeltes Alter

Über Hoffnung und Zuversicht
im Spätherbst des Lebens

INHALT

VORBEMERKUNG

Die drei Teile dieses Buches sind aus verschiedenen Anlässen entstanden. »Menschen im Alter vor Gott« war ein Beitrag für das Symposion »Menschsein vor Gott: Denkerfahrungen – Spannungen – Verheißungen« der Melanchthon-Akademie Köln am 13. Juni 2015; veröffentlicht wurde er in der Zeitschrift »Evangelische Theologie« (EvTh 75, 2015, 435-445). – Den Aufsatz »Seele: geprägte Lebendigkeit« schrieb ich auf Einladung des Herausgeberkreises der »Berliner Theologische[n] Zeitschrift« für das Themaheft »Seele« (BThZ 34, 2017, 308-336). – Der bisher noch nicht gedruckte Essay »Was gibt das Altern theologisch zu denken?« geht auf die Skizze eines Vortrags zurück, den ich bei der theologischen Tagung der Rheinischen Genossenschaft des Johanniterordens am 4. Februar 2018 in Kaiserswerth gehalten habe. Kurz darauf musste ich mehrmals operiert werden, plötzlich brach das höhere Alter über mich herein, und erst nach einer langen Pause, die mir viel zu fragen, zu denken und zu danken gab, konnte ich versuchen, den Entwurf auszuarbeiten, der inzwischen über das Format eines Vortrags hinausgewachsen war.

Im ersten und dritten Teil führe ich aus, was ich teils im Kapitel »Altern« meiner Anthropologie »Das verborgene Leben« (2011) erst umreißen konnte, teils im Rückgriff auf die Kapitel »Erleiden – Leiden« und »Gedenken und vergessen« vertiefen wollte: Wie zeichnet sich ab, dass wir als dem Tod verfallene Menschen an der Geschichte Jesu Christi teilhaben und zu einem neuen Menschen geschaffen werden?

Im ersten Teil wird gefragt: Was kann an hochbetagten Menschen für das Menschsein deutlich werden – gerade an gebrechlichen, hilfsbedürftigen, vergreisten Alten, nicht nur an denen, die leistungsfähig geblieben sind und ihren Lebensabend tatkräftig gestalten können? Zugespitzt wird diese Frage im Blick auf Menschen, die lernen möchten, ihrer Vergänglichkeit vor Gott innezuwerden, ihre Altersleiden und ihr Leiden am Altern als Handeln Gottes anzunehmen und sich darauf einzulassen, dass die Geschichte, die sie in sich tragen, nicht zu Ende ist und in Gottes Gedenken aufgehoben wird.

Der dritte Teil ist dem Altern als spezifischem von Gott Gestaltet-Werden gewidmet, bezogen auf die heutzutage zahlreich angebotenen Gestaltungsmöglichkeiten des Alterns. Das Altern wird als Weg wahrgenommen, auf dem Menschen allmählich sich wieder an Gott abgeben, indem sie ihr Selbst Gott anvertrauen, der sie geschaffen hat, der auf sie achtet, sich ihrer annimmt und ihrer gedenkt (Ps 8,5). Im fortschreitenden hohen Alter erhält das Leben auf Gott hin seine endgültige Form. Sie ermöglicht, Erlebtes neu zu gewichten und das Altern zuversichtlich zu *leben,* nicht nur zu durchstehen, zu bestehen und zu bewältigen.

Das Mittelstück »Seele: geprägte Lebendigkeit« ist den beiden anderen Teilen durch die Frage zugewachsen, was den Menschen als lebendes Wesen charakterisiert. Seine Lebendigkeit verdankt er dem Anhauch

Gottes (Gen 2,7), der sein Leben trägt und prägt. Menschen, mit denen Gott leben will, reden nicht nur aus voller Seele von Gottes Handeln, sondern auch mit ihrer Seele, die sie für das Reden zu Gott, zum Gebet, öffnet: »Lobe den Herrn, meine Seele!« (Ps 103,1). »Seele« als geprägte Lebendigkeit umgreift das ganze gelebte Leben und ergreift das Altern mit unabweisbarer Dringlichkeit. So ist der zweite Teil das Bindeglied zwischen dem ersten und dem dritten. Es gibt gute theologische Gründe, bis zum letzten Atemzug festzuhalten, dass wir als »Seele« lebendig sind.

Die bereits erschienenen Teile wurden durchgesehen und formal einander angeglichen, einige Stellen wurden umformuliert, aber inhaltlich weder verändert noch ergänzt. Dass einige Themen an verschiedenen Stellen nochmals angeschlagen werden, dürfte die Querverbindung der drei Teile verstärken. Die Übersetzung der Bibeltexte, vor allem der Psalmzitate, folgt meistens der 2017 revidierten Fassung der Übersetzung Martin Luthers. Abkürzungen sind dem Verzeichnis in »Religion in Geschichte und Gegenwart« (RGG[4], Bd. 8, Tübingen 2005) entnommen.

Herzlich danke ich für mannigfache Unterstützung und viele Anregungen besonders meiner Frau Annegrete, Heinrich Assel, Rainer Fischer, Hans-Peter Friedrich, Hans-Wilfried Haase, Ernstpeter Maurer, Caroline Schröder Field, Hans G. Ulrich und Kurt Josef Wecker.

Sankt Augustin, den 27. August 2020   Gerhard Sauter

I.

Menschen im Alter vor Gott

1. MENSCHEN IM ALTER

»Was mag da noch kommen? Das Lebensgefühl ab 80«: So hieß am 8. Mai 2015 das Thema der allwöchentlichen Sendung »Lebenszeit« im Deutschlandfunk. Die Fachleute, die im Studio diskutierten, und Zuhörer, die mit ihren Erfahrungen zu Wort kamen, sprachen fast ausnahmslos nur vom tätigen, ja, schöpferischen Leben im Alter. Zwar bringe das Alter funktionelle Einbußen – Sehschwäche, Schwerhörigkeit, Gedächtnisverlust – mit sich, gleiche sie aber durch altersgerechten Unternehmungsgeist und das Gefühl aus, noch gebraucht zu werden, für andere da zu sein, sich um sie und für sie sorgen zu können. Weil soziale Beziehungen hülfen, nicht aus der Welt zu fallen, gelte es, sie zu festigen und auszubauen, denn nur auf sie sei Verlass. Sie ersetzten sogar in gewissem Maße den Verlust, den Alternde durch das Ableben ihrer Angehörigen und Freunde erfahren. Soziale Beziehungen glichen auch manches von eingeschränkter Selbstständigkeit aus. Sie erbrächten persönliche Wertschätzung und hielten so menschliche Würde im hohen Alter aufrecht; sogar ein Fortleben versprächen sie: im Gedenken der Menschen, denen Alternde etwas weitergeben konnten.

Ein Seelsorger, eine Seelsorgerin oder für kirchliche Pflegeberufe Verantwortliche waren zu diesem Rundgespräch nicht eingeladen worden; auch unter den Hörerinnen und Hörern, die anriefen, fehlten sie. Was hätten sie beitragen können, ergänzend, theologisch vertiefend? Vielleicht sogar im Widerspruch zu dem beherrschenden Motto »Da gibt es aber noch mehr!«: mehr sinnstiftend zu bewirken, mehr Selbstbestimmung einzufordern, mehr und tiefere Spuren zu hinterlassen! Viel war von der »Gestaltbarkeit des Alters« die Rede, nicht aber auch von Gebrechlichkeit und Siechtum. »Unsere Gesellschaft blendet heute die Erfahrung von Bedürftigkeit und Angewiesenheit weitgehend aus.«[1] Mediziner bedauern dies nicht nur im Blick auf ihre Patienten, die von wachsender oder plötzlich eintretender Hinfälligkeit, Hilfsbedürftigkeit und Einsamkeit gezeichnet sind und ins gesellschaftliche Abseits gedrängt werden. Sie beklagen auch einen Bewusstseinswandel, der alle Altersstufen erfasst: Zeitgenossen schätzen mehrheitlich bei anderen und bei sich selbst vorwiegend, was sie *können*, nicht aber, was sie *sind* und durch ihr gelebtes Leben geworden sind. Auch im Alter bewerten sie sich nach dem, was sie noch zu leisten vermögen, danach, wie stattlich ihr Biokapital ist und wie sie es vermehren, auch mit einer Lebensweise, die früher begangene Sünden bei Ernährung und Gesundheitspflege so weit wie möglich abbüßen soll. Sie möchten »das aktive und tätige Lebensalter festzurren und dabei stehen bleiben«[2]. Der biologische Verfall soll verlangsamt, die Lebenszeit verlängert werden.

Die »Generation 50Plus«, die sich gern *Best Ager* nennt, lässt nicht davon ab, ihre Leistungsfähigkeit unter Beweis zu stellen und ihre Lebensentwürfe zu bilanzieren, sie zu revidieren und neu auszuarbeiten, im Ruhestand womöglich noch hektischer als vorher. »Das mittlere Lebensalter wird somit nicht als Durchtrittsalter gesehen, sondern zum Modell für das ganze Leben erklärt.«[3] – In einer Gesellschaft, die »alterslos altern« will, braut sich, soziologisch gesehen, ein neuer Konflikt zusammen: »Heutzutage stellt die Jugend den kategorischen Imperativ für alle Generationen dar.«[4] Eine »altersübergreifende gesellschaftliche Gemeinschaft« »Junger, jung Gebliebener und jung Bleibender« findet sich gestört durch das endgültig alte, »abhängige, kranke, demente, sieche Alter«, das trotz aller Vorsorge und Fürsorge nicht aus der Welt geschafft werden kann und sich auch durch Bildungs- und Freizeitangebote nicht verjüngen lässt.[5] Körperlicher und mentaler Verfall sind nahezu das Einzige, was Leuten heutzutage noch angelastet werden kann; alles andere ist gesellschaftsfähig geworden. Darum bemühen sich viele Menschen im höheren Alter nicht nur, sich möglichst gesund zu erhalten. Tagaus, tagein sind sie damit beschäftigt, ihr unvermeidliches Altern zu verzögern oder es zu überspielen und andere nicht merken zu lassen. Doch »je mehr wir unser Alter verleugnen, um als jung zu gelten, umso mehr verfestigen wir das Schreckensbild des Alters«[6].

Wenn in Kirche und Theologie Stellung dazu bezogen wird – die Beiträge sind dünn gesät –, läuft dies meistens darauf hinaus, dass gegen eine Anti-Aging-Kampagne Partei ergriffen wird. Mit der theologischen Begründung und Begleitung eines Ja zum Altern steht es jedoch nicht gerade zum Besten.[7] Die (wenn ich so sagen darf) Spaltung in zwei Klassen der

Alternden – in Hochbetagte, die sich immer noch jung fühlen, und Vergreiste, die gerontologisch zum vierten, allerletzten Lebensalter gezählt werden – macht auch vor der kirchlichen Praxis nicht Halt. Die endgültig Alten werden diakonisch betreut, die mehr oder minder jung Gebliebenen durch dosierte Altersaktivitäten in kirchlichen Einrichtungen und Gemeinden gefördert. In der »Diakonie als Erfahrungsraum« fällt ins Auge, wie das Streben nach Erhaltung der Selbstständigkeit sich mit zunehmender Abhängigkeit von anderen Menschen arrangieren muss. Dies wird jedoch schon in der kirchlichen Öffentlichkeit kaum beachtet. Was trägt diese Erfahrung für die Forderung nach allseitiger Selbstverfügung aus, wie sie die gesellschaftspolitische Debatte beherrscht? Darf das Lebensende als letzte Handlungsmöglichkeit angesehen werden – und entspricht eine solche Frage überhaupt der Wirklichkeit des Sterbens?[8]

Diakonie ist ein Erfahrungsraum aber auch dafür, dass augenscheinlich immer weniger Menschen sich vor Gott verstehen, gerade im höheren Alter. Auch darauf ansprechen lassen wollen sich viele nicht. In welchen Grenzen bewegt sich dann der diakonische Dienst? Welchem Fundus können Pflegende und Geistliche das rechte Wort für andere und für sich selber entnehmen und ihr Handeln darauf aufbauen? Für die Altenpflege und die Begleitung Schwerkranker und Sterbender wird, wie weithin auch in der akademischen Theologie, auf Brückenbegriffe ausgewichen, die als universal angesehen werden, um an sie theologisch anzuschließen: insbesondere an Endlichkeit,

Menschenwürde und das soziale Netz, das Menschen unaufhörlich knüpfen und das sie tragen soll. Summarisch wird gesagt: Alle Menschen müssen sterben, ihr Leben ist *endlich* – dem schließt sich der Glaube an, von Gott so geschaffen zu sein. Geschaffen ist der Mensch als Gottes Ebenbild – dies kommt zur Geltung in der *Menschenwürde* als angeborenem, unantastbarem Selbstwert, den jeder Mensch an und für sich hat, auch dann, wenn er, wie es gnadenlos heißt, »austherapiert« ist und nur noch dahindämmert.[9] Menschliches Leben kann nur in einem *sozialen Beziehungsgefüge* gedeihen – auch Gottes Verhältnis zu ihm wird dann als Relation verständlich gemacht: als schlechthin grundlegende Beziehung, die jedem menschlichen Leben tiefsten und letztgültigen Halt verleiht und auf der die Tragkraft zwischenmenschlicher Begegnungen beruht.[10]

Solche Sprachregelungen vernebeln die Deutlichkeit theologischer Sprache und stumpfen ihre klärende Trennschärfe ab. Der universalistische Zugriff öffnet nicht den Blick für Menschen im Alter vor Gott, sondern versperrt ihn. Darum musste er hier kritisch gestreift werden. Dass menschliches Leben endlich ist, kann theologisch nur in der Hoffnung gesagt werden, dass Gott Menschen, die vergehen, dennoch nicht »fahren lässt«, sie, das Werk seiner Hände (vgl. Ps 138,8). Weil Gott sie als sein Ebenbild erschaffen hat, will er sich in ihnen wiedererkennen, auch wenn dieses Bild getrübt, verzerrt und zutiefst versehrt ist. Er würdigt sie, mit ihm zu leben und achtsam zu werden für sein schöpferisches, bewahrendes, aufrichtendes und ausrichtendes Handeln an ihnen und an denen, in deren Gemeinschaft sie existieren.[11] Sie sind aufeinander angewiesen, nicht nur die Hilflosen auf die Hilfsbereiten, die Schwerkranken und Sterbenden auf die, die sie betreuen. Nicht weniger brauchen diejenigen, die noch bei Kräften sind, die anderen, denen die Kräfte entschwinden. Denn deren Bedürftigkeit macht sie auf ihre eigene aufmerksam, und zwar nicht nur auf ihre fragile physische und psychische Bedürftigkeit, sondern auch darauf, wovon und woraufhin sie leben – sie alle, wenn auch in verschiedenen Stadien eines Lebenslaufes.

So kann das endende Leben zu einer Quelle der Einsicht in das Menschsein werden, ohne dass nun das hohe Alter zum Maßstab für den gesamten Lebenslauf erhoben würde.[12] Was an Menschen im Alter für ein Menschenleben deutlich werden kann, sei in dreifacher Hinsicht zu erläutern versucht: im Blick auf Menschen, für die es dringlich wird, ihre Vergänglichkeit zu erkennen, die lernen, ihr Leiden am Altern anzunehmen, und die mit der Geschichte beschäftigt sind, die sie in sich tragen.

2. »VOR GOTT«

Wie kommen Menschen dazu, ihre eigene Vergänglichkeit vor Gott wahrzunehmen? Und wie können sie davon sprechen?

Dies zeigen zwei Psalmen, in denen Gott um die Weisheit gebeten wird, das eigene Leben recht anzunehmen und es ihm, Gott, anzuvertrauen.

In Ps 90 wird das Menschenleben physiologisch in den Blick genommen: Wie eine Pflanze sprosst und verdorrt es. So ergeht es auch den Menschen: Sie werden zu Staub. Ihre Lebenszeit schrumpft im Vergleich zu Gottes Zeit jämmerlich zusammen: »Tausend Jahre sind vor dir wie der gestrige Tag, der vergangen, wie eine Wache in der Nacht.« Mehr noch – und nun wechselt der Blick zur Selbstbeurteilung, die sich auf die göttliche Strafgerechtigkeit beruft: Wenn das befristete Menschenleben und alles, was es vollbracht hat, unwiederbringlich vergeht, dann dürfte dies doch wohl von den Sünden der Menschen herrühren, mit denen sie vor Gottes Angesicht nicht bestehen können! Unter Gottes Nein, mit dem er sich vom schuldigen Menschen abwendet, muss der Mensch zunichte werden. Die siebzig, höchstens achtzig Jahre, die Menschen (damals, zur Zeit des Psalmisten) erfahrungsmäßig zugemessen sind, enden beschwerlich und flüchtig (Ps 90,3-10). –

Jetzt hält der Beter inne. Er greift nicht etwa nach Maximen eines frommen Lebens, die Vollendung und Fortdauer versprechen. Seiner eigenen Sicht von Gott und Mensch fällt er ins Wort.[1] Er fragt nach wahrhafter Gottesfurcht und möchte von Gott lernen, seine Tage zu zählen (Ps 90,11-12): nicht sie abzuzählen wie nach einem Kalender, sondern sie zu würdigen, ihren Gehalt als Gabe zu ermessen und so weise zu werden. Wenn Gott lehrt, belehrt er nicht. Er bringt dem Beter seine Tage dermaßen nahe, dass er dafür aufmerksam wird und darauf achtet, wie sein zeitlich strukturiertes Leben täglich von Gott gestaltet, beschenkt und befrachtet wird. Wenn Gottes Erbarmen es frühzeitig füllt, wird es nicht in einem Leerlauf enden (Ps 90,13-17). Gott lehrt durch sein Handeln, mittels aller Einsichten, die menschenmöglich sind, und mit allen offenen Fragen, die sich uns stellen, immer wieder von neuem, und die uns vorantreiben. Menschen, denen sich ihre Lebenszeit so erschließt, werden ein weises Herz einbringen, nicht erst am Ende ihrer Tage. Das Herz ist das Zentrum aller Lebensäußerungen, und das weise Herz lässt sich davon bewegen, dass wir am Leben sein und handeln können, so Gott es will (Spr 16,9; 27,1; Jak 4,15). Es weicht dem Faktum, dass alle Menschen sterben müssen, nicht aus, aber es kalkuliert dieses Ende auch nicht als naturgegeben ein, ohne sich weiter darum zu kümmern. Das weise Herz lässt es nicht bei dem Paradox bewenden, dass wir im »Wissen«, der Tod könne uns jeden Augenblick treffen, dennoch so handeln, als hätten wir hinreichend Zeit, unsere Vorhaben auszuführen. Das Gebet, Gott möge uns lehren, dass wir sterben müssen, bewegt sich jenseits dieses Paradoxes.

So wird das Ich, das sich beobachtet und darüber reflektiert, in das betende Ich aufgehoben, das lernt, neu zu sehen: seine Tage und darin sich selbst.

Ein anderer Psalmist bittet Gott ebenfalls, ihn zu lehren, sein Ende zu bedenken:

HERR, lehre doch mich, / dass es ein Ende mit mir haben muss,
wie meine Tage bemessen sind, / damit ich erkenne,
wie vergänglich ich bin.
Siehe, nur handbreit / hast du meine Tage gemacht,
und meine Lebenszeit / ist wie nichts vor dir.
(Ps 39,5-6)

Dieses Ende ist von Gott gesetzt, es wird von ihm bereitet, ist nicht in der genetischen Verfassung eines Menschen wie eine Bombe mit Zeitzünder vorgesehen. Das Ende wird nicht durch das gelebte Leben zwangsläufig herbeigeführt. Gott lässt das Menschenleben enden, er handelt durch das Sterben und beim Sterben. Den Unterschied zwischen diesem Beenden und der Endlichkeit als naturgegebenem Aufhören und Erlöschen werden wir im Auge behalten müssen. Luthers Übersetzung von Ps 39,5 »HERR, lehre doch mich, … dass mein Leben ein Ziel hat und ich davon muss« mag philologisch nicht ganz korrekt sein, wenn sie wechselweise von »Ende« und »Ziel« des Lebens spricht; theologisch trifft sie jedoch den Kern: Menschliches Leben ist geschaffen, nicht generiert, metaphorisch ausgedrückt: Es lebt aus dem Atem, den Gott ihm geliehen hat, und es verendet nicht, sondern kehrt zu Gott zurück, wenn er den Atem wieder zu sich nimmt.

»Sieh doch: Nur handbreit hast du meine Tage gemacht«, singt der Psalmist. »Handbreit«, »spannenbreit« ist eine Maßeinheit: »was mit einer Hand umgriffen werden kann.« Die Handbreit, mit der mein Leben gemessen wird, umfasst mein Leben. Nicht ich kann es umgreifen und in der Hand behalten. In sich und aus sich heraus hat es keinen Bestand. Ich verspüre es wie dahingehaucht: »Meine Lebenszeit ist wie nichts vor dir.« Die Zeit eines Menschenlebens steht in keinem messbaren Verhältnis zu Gottes Handeln an ihm. »Sieh doch, so hast du mich geschaffen«, ruft der Betende Gott zu, dessen Blick unfassbar weit ausgespannt ist. Daran allein hält sich der Beter. Solange er auf sein Leben blickt, ohne sich davon blenden zu lassen, erscheint es ihm vergänglich und vergeblich auch. Zugleich sieht er sich selbst – als Betender! – vor Gott, er blickt auf ihn, der ihn bildete, ihn erhält und sich mit ihm zu schaffen macht.

Nun, HERR, wessen soll ich mich trösten?
Meine Hoffnung steht zu dir.
(Ps 39,8)

Das weise Herz fragt, wozu Gott mich geschaffen hat und was er mit mir vorhat, weil darin Ende und Anfang beschlossen sind: inmitten der mir zugemessenen Zeit.

»Vor Gott«: Dies ist der Ort, den sich kein Mensch aussuchen kann, an dem er sich gewöhnlich nicht sucht und den er auch nicht räumlich zu bestimmen vermag. Vor Gott sieht er sich gestellt – und nun sieht er sich anders, als er sich bisher selber sehen konnte und sehen wollte. Er sieht sich vor Gott, dem »Gott des Sehens«, wie Hagar ihn nennt (Gen 16,13), die von Abraham Verstoßene, die ihren Sohn ins Gebüsch warf, weil sie nicht zusehen konnte, wie er stirbt. Doch Gott hört das Weinen des Jungen, und er hat im Blick, warum seine Mutter klagt (Gen 21,17). Gott sieht Menschen an, er schaut ihrem Geschick und ihrem Tun und Lassen nicht nur zu. So erblicken Menschen sich vor Gott, der sie sieht: auch ihre Rückseite, auch ihre Verborgenheit für sich selbst. Er behält, was er geschaffen hat, im Blick: er, der Treue hält für immer. Dass er das Augenmerk auf seine Geschöpfe richtet, können sie sich nicht ansehen, vermögen auch andere nicht an ihnen zu ersehen. Aber vor Gott gestellt und damit sich gegenübergestellt: Dies wird ihre Selbstwahrnehmung verändern.

»Vor Gott gestellt«: Dies mag manche verquere Assoziationen hervorrufen, auch gestützt durch biblische Sprüche, die vermeintlich an ein Gerichtsverfahren denken lassen, in dem ein Urteil über einen Straftatbestand ergeht, der erschöpfend ermittelt worden ist. Oder Gottes alles durchdringender Blick wird als allgegenwärtiges Auge vorgestellt, dem niemand und nichts entgeht, wie George Orwells »Großem Bruder« oder einer lückenlosen Überwachungstechnik. Darum ist die Wendung »vor Gott«, *coram Deo,* in Verruf gekommen, sie wird lieber vermieden, auch weil sie, zumal in Todesnähe, angstbesetzt ist und Abwehrreaktionen hervorruft. »Vor Gott« ist aber der Ort, der Menschen licht und klar werden lässt im Glanz von Gottes Angesicht.[2] Vor Gott erhalten wir Klarheit darüber, was aus seinem Handeln in Jesus Christus für uns, an uns und mit uns entsteht: das verborgene Leben mit Christus in Gott (Kol 3,3). Gott sieht uns in Jesus Christus an: So werden wir befreit für sein Urteil, dem wir vertrauen und dem wir uns anvertrauen dürfen. Vor Gott gestellt, werden wir nicht bloßgestellt, sondern erblicken uns umhüllt vom Schutzmantel seiner Güte und Treue.

Im höheren Alter sind Menschen noch mehr als sonst versucht, Bilanz zu ziehen und zu fragen, wer sie sind, was sie geworden sind und was ihnen noch möglich ist. In anderen Lebensphasen war es unvermeidlich, vor anderen Menschen oder vor Instanzen, die Beurteilungen abgeben und Urteile fällen – *coram mundo* –, sich so erkennen zu geben, wie man gesehen werden möchte. Dabei war manche Verkleidung, vielleicht gar Verstellung im Spiel. Dagegen tritt bei vielen Alternden hervor, wie sie ausgeprägt *sind:* ohne Rücksicht darauf, was andere von ihnen halten. Daraus kann altersstarre Rücksichtslosigkeit erwachsen, aber auch die Bereitwilligkeit, sich unverstellt zu zeigen. Wenn ihre Hilfsbedürftigkeit nicht mehr verschleiert werden kann, geben Menschen sich notgedrungen so, wie sie sind, was nicht bedeutet, dass sie sich gehen lassen dürften.

Alternde werden wahrgenommen und nehmen sich intensiver als früher wahr an dem, was ihnen geschieht. Werden sie dies nur als aufgenötigte Passivität empfinden? Oder ersehen sie vor Gott aus dem, was sie trifft, einen Aufbruch anderer Art? Was ihnen von Gott her geschieht, wird sie anders ausstatten, als es die Ausrüstung vermochte, mit der sie früher eigene Wege gingen.

Wie Jesus zu Petrus sagte:

»Als du jünger warst, gürtetest du dich selbst und gingst, wo du hinwolltest; wenn du aber alt wirst, wirst du deine Hände ausstrecken, und ein anderer wird dich gürten und führen, wo du nicht hinwillst.« (Joh 21,18)

Dies will als Verheißung gehört werden: einen Weg gehen zu können, dessen Beendigung zum Neubeginn wird. Wenn Gott führt, wird es kein einsamer Gang sein.

3. DAS ALTERN ANNEHMEN

Wie alt waren die beiden Psalmisten, die Gott anriefen und ihn baten, sie zu lehren, ihr Ende zu bedenken? Wir wissen es nicht. Im höheren Alter mag diese Bitte bedrängter werden, weil der Tod immer näher zuschlägt. Aber achtsam zu werden für unsere Zeitlichkeit, damit wir ein weises Herz gewinnen, und das Ende so zu bedenken, dass gelernt werden kann, vor Gott zu leben: Dazu ist es immer an der Zeit, und es ist es kein Lernziel, das in irgendeiner Altersstufe erreicht werden könnte. Wenn alternde Menschen Gott um dieses Lernen bitten, gestehen sie ein, dass sie noch längst nicht ausgelernt haben. Durch Altersverluste und Alterslasten wird diese Bitte noch dringlicher.

Menschen im Alter kommen Gott nicht näher, weil sie ihrem Tode näher sind. Aber sie können erfahren, was der Theologe Jürgen Roloff (1930-2004) in seiner letzten Lebensphase sagte: »Immer weniger steht zwischen Gott und mir.«

Von vielen und von vielerlei müssen Menschen im Alter Abschied nehmen, und sie werden verabschiedet, nicht bloß in den sog. Ruhestand und ins Rentenalter. Menschen im Alter erleben, dass ihnen immer mehr entzogen wird: Der Raum, in dem sie sich bewegen können, wird enger, die Zeit, über die sie verfügen, knapper; Raum und Zeit werden mehr und mehr ausgefüllt durch Anstrengungen, das alltäglich Notwendige zu bewältigen. Immer mehr altvertraute

Menschen werden ihnen entrissen, und mit den noch Lebenden kann die Verbindung oft nur so schwer aufrechterhalten werden, dass sie allmählich einschläft. Das Lebenswerk, oder was man dafürhält, verfällt. Menschen im Alter, die noch bewusst erleben, wie ihre geistigen und körperlichen Fähigkeiten so sehr abnehmen, dass sie sich allmählich selber zu verlieren drohen, fühlen sich wie entleert. Die Substanz ihrer selbst wird aufgezehrt, doch gerade dies bemerken sie und leiden daran, mehr noch als unter greifbaren Verlusten, bis die Flut des Verdämmerns, des Vergessens und Selbstvergessens sie aufnimmt.

Können wir sagen: Menschen wahren ihre Menschenwürde im Alter, indem sie noch ihren Selbstentzug so erleben, dass sie »zu sich selbst werden«, wie eine philosophische Formel für das Alter lautet[1]? Ist das Greisenalter ein durchgreifender Prozess, kraft dessen Menschen zu dem reifen, was sie »wirklich« sind? Der Apostel Paulus schrieb in einer äußerst bedrückenden Lebenslage: »Wenn unser äußerer Mensch zugrunde geht, wird doch unser innerer von Tag zu Tag erneuert.« (2 Kor 4,16) Doch dieser innere Mensch ist gerade nicht das von allem Äußeren befreite, gereifte Selbst, sondern der mit Christus verborgene, Gottes Handeln erleidende Mensch. Gott würdigt Menschen, sich loszuwerden, verschränkt mit dem Selbstentzug, dem sie unterliegen.

Was hier geschieht, lässt sich nicht erlernen wie eine Lektion. Es muss erkundet werden. So erfahren es Menschen, die sich zunächst gegen ihr Leiden am Altern aufbäumten, es dann aber »annahmen«, wie sie es ausdrücken. Andauernde Einschränkungen, endgültige Entbehrungen und Behinderungen, schmerzhafte Umstellungen der Lebensweise, die auch alle seelischen Konditionen und geistigen Fähigkeiten in Mitleidenschaft ziehen, unabwendbare, verzehrende Erkrankungen: Manche Menschen können sie im Alter bewundernswert stoisch hinnehmen. Andere entwickeln ungeahnte Widerstandskräfte, mit denen sie heroisch manches zu überwinden oder wenigstens in Grenzen zu halten vermögen. Leiden *anzunehmen* bedeutet demgegenüber weder ein Ja mit zusammengebissenen Zähnen noch eine akzeptierte Herausforderung noch auch eine Ergebung ins Unabänderliche. Diese sprachlichen Abgrenzungen lassen Raum dafür, von einem *Annehmen von Leiden* zu sprechen, *einem Erleiden, das einstimmt in das von Gott Gegebene*: »Mir geschehe, wie du willst.« So wird Leiden nicht durchgestanden, sondern *gelebt* – wie, könnten nur diejenigen sagen, die dies erleiden,[2] und sie werden es wohl kaum erschöpfend in Worte fassen können. Angenommen werden Leid und Leiden, auch Altersleiden und Leiden am Alter, die anzeigen, dass wir in einer erlösungsbedürftigen, nicht nur verbesserungsfähigen Welt leben. Dann kann auch das Altern als ein Werden erlitten werden, als ein Neuwerden im Altwerden, getragen von der Hoffnung des Lebens bei Gott. Solches Erleiden kann an die Grenzen des Menschenmöglichen führen, wo die Last des Alterns oder seine Dauer schier unerträglich werden.

Leiden anzunehmen bedarf im Alter noch mehr als in anderen Lebensphasen und unter anderen Umständen eines weisen, von Gott eingewiesenen Herzens. Das unruhige, oft ungeduldige Herz wird für die Zeitspanne aufgeschlossen, die gerade jetzt von Gott vorgesehen und bereitet ist. Sie will als beschenkter Zeitraum empfangen werden: versehen mit Möglichkeiten aus Gottes schöpferischer Fülle, mit alternativen Möglichkeiten, die entweder für uns gewählt wurden oder zwischen denen wir uns entscheiden müssen, hoffentlich für die rechte Möglichkeit zur rechten Zeit (Koh/Pred 3,1-15)! Die immer wieder von Neuem gewährte, bestimmte Zeit wird im höheren Alter intensiver als früher erlebt werden können: das Anbrechen eines neuen Tages, verlässliche Gegebenheiten, an denen entlang wir uns bewegen können, jede unverhofft geschenkte Kraft, jedes neue Quentchen Lebensmut. Ist es jetzt Zeit, loszulassen oder festzuhalten, zu klagen oder zufrieden zu sein, zu schweigen oder zu reden? Was ist uns in die Hände gegeben, was hat Gott sich vorbehalten?

Ein weises Herz wird die geschenkte Zeit nicht mit der Suche nach der verlorenen Zeit verschwenden und auch nicht der aufreibenden Sorge um die vielleicht noch kommenden Tage ausliefern dürfen – jedenfalls dann nicht, wenn sich Freude darüber einstellt, was heute, gegenwärtig, gerade in diesem Augenblick zuteilwird.[3] Diese Weisheit ist der Sinn dafür, welchen Raum Gott uns schafft, nicht nur zum tätigen Leben, sondern auch für das, was uns zufällt, was unseren Kräften jetzt angemessen ist, was uns darum zugemutet wird und uns so vor Entscheidungen stellt, die unserer Existenz und der Existenz anderer schaden oder ihnen weiterhelfen können.

Wird das Altern angenommen, kann sich auch der Blick auf die eigene Lebensgeschichte wandeln.

4. »MEINE GESCHICHTE«?

Im Alter ziehen sich manche Menschen stillschweigend in sich selber zurück. Was in ihnen vorgeht,
bleibt auch ihren Nächsten verschlossen. Andere
erzählen im Alter nur allzu gern von sich selber,
noch lieber und ausführlicher als früher. Sie leben
nicht nur mit ihren Erinnerungen, sie leben in ihnen, vielleicht nur noch darin. Darum nehmen die
Repräsentation der Geschichte, die Menschen in sich
tragen, und ihre Modellierung einen breiten Raum
in zahlreichen Ratschlägen für Menschen im Alter
ein. Wer erlebte Geschichten zur Sprache bringt,
die ihm charakteristisch für sich selbst erscheinen,
vermag sich anderen zu erschließen; er kann aber
auch bemerken, wie schwierig und fallenreich es ist,
sich der erinnerten Vergangenheit stellen zu wollen. Meistens wird aber noch mehr erwartet und
auch verlangt: sich der persönlichen Geschichte zu
widmen als einer *story*, einer zielgerichteten Folge
von Erlebnissen, die nicht dem Diktat eines starren
Zeitverlaufs unterworfen ist und darum nicht nur
registriert werden darf. Stattdessen soll ein Erin-
nerungsbild des eigenen Lebenslaufes gezeichnet
und so gestaltet werden, dass es ins Einvernehmen
mit anderen, umfangreichen Geschichten gesetzt
werden kann:[1] eingegliedert in die Zeitgeschichte
oder gar in die Menschheitsgeschichte, vielleicht
sogar eingepasst in die Geschichte Gottes mit den
Menschen[2] – und dabei wird womöglich Gottes weit-

gehend verborgene Geschichte in der eigenen Lebensgeschichte untergebracht: ein narratives Treiben und Getriebenwerden. Wenn dann sogar von
»Fügungen Gottes« die Rede ist, die nur beglückende
Zufälle gelten lässt und Tiefpunkte, nachhaltige Ent-
täuschungen und abrupte Wendungen in Wohlge-
fallen auflöst, sind solche Deutungen oft genug nur
zusammengezimmert worden, damit ein bruchloses
Lebensbild entsteht.

»Ich erzähle meine Geschichte«, vielleicht auch »Ich
erzähle mir meine Geschichte«: Das klingt unverfäng-
lich – und ist es doch ganz und gar nicht, denn es beruht auf einer Auswahl, die gar nicht immer bewusst
getroffen werden kann. Das Gedächtnis spielt hier
mit seinem Eigenleben hinein: So manches blendet
es aus, anderes, was jahre- oder jahrzehntelang nicht
mehr gegenwärtig war, bringt es plötzlich wieder ans
Licht und setzt es in Szene. Innerseelische Dynamik
leuchtet bei manchen Menschen im Alter frühere
Schäden und Verletzungen übermäßig aus; anderen
erlaubt sie, in eine besonnte Vergangenheit einzutau-
chen, die auch alle Widrigkeiten überstrahlt. »Meine
Geschichte«: Das ist eine Zeitstrecke, die meistens
so aufgebaut wird, dass der Erzähler sich und andere
positionieren kann. Er will sich so wiedererkennen,
wie er sich jetzt sehen und gesehen werden möchte.
»Ich erzähle meine Geschichte« – nicht nur eine Epi-
sode, die weiterzugeben sich lohnt – kann bedeuten:
»Ich erzähle mich selbst«, ja sogar »Ich erfinde mich
neu«, wenn der eigene Lebensentwurf nach jetzigem

Ermessen so unbefriedigend ausgeführt wurde, dass auch ich mir selbst nicht mehr genüge und darum mein Selbstbild durch ein besseres ersetze, nach dem ich mich von nun an richten will.

Menschen, die sich vor Gott mit ihrer Vergangenheit befassen, sind gegen solche Selbsttäuschungen nicht gefeit. Ja, gerade auf Selbsttäuschungen werden sie aufmerksam gemacht, weil es nur ein kleiner, aber verhängnisvoller Schritt von ihnen hin zur Selbstrechtfertigung vor Gott ist, in der sie sich verschließen und vergraben. Der Selbstrechtfertigung verfallen, können sie nicht bestehen. Sie werden sich verzehren in der unaufhörlichen Anstrengung, ihren Wert einzig und allein daran zu ermessen, was sie aus sich gemacht haben und was sie noch aus sich machen könnten. Letzteres schmilzt im Alter mehr und mehr zusammen. Wenn Menschen sich vor Gott ihrer selbst erinnern, indem sie ihr eigenes Gedenken vor ihn bringen, dann kann dies nur im Vertrauen darauf geschehen, dass sie *von Gott erinnert werden*.[3] Würde Gott ihrer nicht gedenken, wären ihre Gebete haltlos, bliebe jede Selbstwahrnehmung selbstverliebt und selbstverbissen. Von Gott erinnert zu werden, verdankt sich Gottes schöpferischem Gedenken und wird in diesem Gedenken gehalten. Wen Gott erinnert, der wird auch daran erinnert, wessen Gott ihn gewürdigt hat, was daraus erwachsen ist, dass und wie er geführt wurde, auch wo er nicht hinwollte. Als Christus ihn annahm, hat »Gott in Christus« sich auch seiner Vergangenheit vergebend und gestaltend angenommen, mit allen früheren Widerfahrnissen, Erfolgen und Verfehlungen, mit den verbliebenen Bruchstücken und unbeantwortbaren Fragen.

Aus diesem Eingedenken vor Gott kann eine Dankbarkeit erwachsen, die aus dem Staunen nicht mehr herauskommt. »Lobe den HERRN, meine Seele, / und vergiss nicht, was er dir Gutes getan hat« oder, in anderer Übertragung: »Segne, meine Seele, IHN, / und vergiss nimmer, was all er fertigte dir« (Ps 103,2)[4]. Dem Schöpfer dankt der Beter, dass und wie er von ihm erschaffen wurde und dass er ein Werk der Hände Gottes geblieben ist – der Hände, die auch dann nicht ruhen, wenn sich im Alter der Eindruck bedrückend verfestigen sollte, so und nicht anders beschaffen zu sein und daran nichts ändern zu können. Auch über den eigenen Schatten zu springen, fällt schwerer. Doch Gottes Hände ruhen gerade dann nicht, wenn Revisionen kaum mehr möglich sind, Schuld nicht mehr abgetragen werden kann, Liebe unwiederbringlich zu spät kommt. Dankbarkeit vor Gott ist äußerst realistisch: eine elementare Äußerung des Vertrauens zu IHM, der Treue hält und sie wahren will.

»Was mag da noch kommen?« Die Frage aus jener Sendung im Deutschlandfunk klingt anders, wenn Menschen sie stellen, deren Erinnerung zerfasert und die sich im Labyrinth ihres Gedächtnisses immer weniger zurechtfinden. Ihre Geschichte rückt ihnen dermaßen fern, dass sie sich nicht mehr aus ihr verstehen – wenn überhaupt noch von »Verstehen« die Rede sein kann. Denn ihr Selbst tritt nur noch selten ausdrücklich in Erscheinung, jedenfalls vermag es sich kaum mehr sprachlich verständlich zu machen. Wie könnte es sich noch erzählen, und sei es durch das gelebte Leben, das seine Spuren an ihnen und in ihnen hinterlassen hat?

Die Verheißung, dass Menschen von Gott erinnert werden, dass er ihrer gedenkt, sie in die Hand nimmt und sich ihrer annimmt (vgl. Ps 8,5), übersteigt ihr Erinnerungsvermögen, greift tiefer und trägt sie, auch wenn sie sich immer weniger erinnern können. Ob und wie diese Verheißung für sie ein Trost sein kann? Womöglich sind sie auf eine Weise empfänglich, die diejenigen sich nicht vorstellen können, die das Menschsein auf Ichempfindung, Subjektivität und personale Identität reduzieren. Ja, die Frage stellt sich, ob Menschen vor Gott glaubend und hoffend sogar für andere eintreten dürfen, nicht stellvertretend für sie, sondern weil sie sich vor Gott gemeinsam mit ihnen vorfinden und in Gottes Handeln einbezogen werden.

»Nehmt einander an, wie Christus euch angenommen hat zu Gottes Ehre.« (Röm 15,7) Als Paulus dies schrieb, dachte er nicht an häusliche Pflege von Hochbetagten, an Altersheime und Hospize, sondern an zwei Gruppen in einer jungen Christengemeinde, die sich gegenseitig nicht anerkennen wollten. Der Apostel wollte sie nicht dazu bewegen, einander nur zu akzeptieren. Menschen, die Christus annimmt, werden vielmehr in die Verheißungen Gottes hineingenommen, und ihnen wird Gottes Güte zuteil (Röm 15,8-13). Das griechische Wort, das hier üblicherweise mit »annehmen« übersetzt wird, bedeutet »aufnehmen«,

»in die Höhe nehmen«: eine Bewegung – hin zur Ehre Gottes. Dies dürfte als theologischer Kompass auch für diejenigen gelten, die sich für Menschen im Alter einsetzen wollen, für Menschen, welche unser aller Bedürftigkeit, Abhängigkeit und Hinfälligkeit in äußerster Form vor Augen stellen.

II.

Seele: geprägte Lebendigkeit

1. WO FINDET SICH DIE SEELE?

21 Gramm: So viel (oder, je nachdem, bloß so wenig) wiegt eine Seele. Dies meinte der amerikanische Arzt Duncan MacDougall im Jahre 1901 herausgefunden zu haben. Er wog einen Sterbenden vor dessen Ableben und unmittelbar danach, so präzise wie möglich.[1] Nach solcher Berechnung heißt »Seele«, was vom Körper, den Leichnam abgezogen, übrig bleibt – messbar allenfalls als nackte Gewichtsdifferenz an der äußersten Grenze menschlicher Endlichkeit, jedoch als *physisch nicht mehr vorhanden*. Ersichtlich ist nur, dass ein Leib seine Gestalt verlor: den Ausdruck, der ihm verliehen worden war und der ihn lebendig erhielt, auch als er alterte und sterbenskrank wurde.

»21 Gramm« avancierte im Jahre 2003 sogar zum Titel eines Films (»21 Grams«). Hier schildert Alejandro González Iñárritu die dramatischen Verwicklungen dreier Menschen, deren Geschicke durch den Unfalltod eines Vierten vernetzt werden, ohne dass sie unmittelbar miteinander zu tun gehabt hätten. In welchem Verhältnis stehen Tote zu Lebenden, und wie äußert sich dies in deren Begehren, in Schuldverhaftung, in Liebe, Glaube und Hoffnung? – Mit filmischen Mitteln wird dargestellt, dass sich nicht in die Vermessung der Welt fügt, was wir gemeinhin »Leben« und »Tod« nennen.

Was also »ist«, was »die Seele« genannt wird: in einer kaum überschaubaren Bedeutungsvielfalt, abhängig von Kulturen und Religionen mit ihren Einstellungen zu Lebenden und Toten, mit unterschiedlichen Zugangsweisen, geleitet durch Beobachtungen von Äußerungen, Gebärden, Zeichen oder durch Selbstbeobachtung oder gar durch eine Innenschau?

Das Wortfeld »Seele« ist von drei sperrigen Problemzonen durchzogen, die hier nur angedeutet werden können: von der Fixierung auf die Sterblichkeit (»Leben vor dem Tode/Leben nach dem Tode«, »Diesseits/Jenseits«), von der Einstufung der Seele für die Sonderstellung des Menschen im Ganzen der Wirklichkeit (»Seele/Leib« und »Geist/Körper«, »Leib/Seele/Geist«) und von der Verortung der Seele als Bereich »im« Menschen (»innen/außen«, »Innenwelt/Außenwelt«, »inneres Leben«).

Diese Probleme haben sich als dermaßen verwickelt erwiesen, dass die Erkundung der »Seele« im wissenschaftlichen Diskurs seit Mitte des 19. Jahrhunderts weithin in die erkenntnistheoretische Klärung der Selbstbezüglichkeit des menschlichen Geistes, des Selbst-Bewusstseins, übertragen worden ist (Transzendental- und Subjektivitätsphilosophie und deren Wandlungen).[2] Oder sie wurde als aporetische Problemstellung und als Komplex unlösbarer Scheinprobleme verabschiedet und durch die Erforschung menschlichen Verhaltens und seiner Grenzen auf biologischer Grundlage abgelöst (beispielsweise von der Philosophischen Anthropologie).[3] Jetzt zählen Handlungen in ihrem Umfeld und mit ihrem Hintergrund, ihren Antrieben und ihrer Zielsetzung, nicht innere Regungen, sofern sie nicht in Erscheinung treten. Die neu entstehende Psychologie übernahm es, das erkrankte »Seelenleben« aufzuklären: mit zumeist konstruktivistischen Theorien, die heuristisch eingesetzt werden, um die Verarbeitung von Erlebtem aufzudecken und die Schichten menschlicher »Innenwelt« so tiefgreifend wie möglich freizulegen, damit sie diagnostisch zur Sprache gebracht und therapiert werden können. Von ihnen werden Erklärungsmuster für Empfindungen und Erlebnisse erwartet, für alles, was Menschen zuinnerst umtreibt, was sie erleben, in sich aufnehmen, wie sie darauf reagieren, ob und wie sie es verarbeiten und wie sie sich daraufhin verhalten. Im Unterschied zu solcher Seelenkunde vermeidet die Verhaltenstherapie den Begriff »Seele« und beschäftigt sich mit Vorstellungen, Gedanken und Emotionen, die den lebensgeschichtlich gewachsenen und oft verwachsenen Persönlichkeitskern bilden.

Von der Psyche der Psychologie abgesehen, wurde »Seele« im wissenschaftlichen Sprachgebrauch mehr und mehr durch »das Ich«, »Person«, »Identität« (als entwicklungsfähige Einheit der Erlebnisgehalte und des Bewusstseinsinhaltes) und vornehmlich durch »das Selbst« ersetzt: eine Reflexionsfigur, die alles auf sich zentriert und nur mittels dieser Perspektive etwas auszusagen vermag.[4] Unterstützt wird die Abkehr von der sprachlichen Bedeutungseinheit (dem Lexem) »Seele« durch die Kritik an der Hinwendung zu einem Innenleben; dieser wird vorgehalten, sich auf den Hort einer vom Leib abgehobenen, ja abgespaltenen Innerlichkeit zurückzuziehen, die ein Eigenleben führe, dem alles Äußere gleichgültig sei und das eine Kultivierung innerer Werte pflege, die sich selbst genügten.

Wir dürfen diese geistesgeschichtlichen Veränderungen nicht außer Acht lassen, wenn wir klären wollen, ob und warum wir von der Seele reden müssen, wenn wir angemessen vom Menschen reden wollen. Um thetisch vorwegzunehmen, in welcher Hinsicht dieses Wort hier unverzichtbar ist: *Die Seele ist* weder ein Körperteil oder ein Organ noch ein Phänomen, sondern *eine Metapher für geprägte Lebendigkeit*, theologisch gesprochen: für das von Gott geschaffene, erhaltene und bewahrte Leben, das Leben aus dem Anhauch Gottes, das Leben mit Gott. Jeder Mensch lebt in der Bestimmtheit, die Gott zum Zusammenleben mit ihm geprägt hat.

Wird die Bedeutung dieser Metapher verändert oder wird sie gar durch die erwähnten Begriffe ersetzt, wie es sich seit über zwei Jahrhunderten abzeichnet und seit einigen Jahrzehnten verstärkt geschieht, greift dies in die Wahrnehmung von Menschen und in ihre Selbstwahrnehmung ein und wirkt sich auf sie aus. Ältere Fragestellungen werden entweder gänzlich aufgegeben oder in andere Bereiche der Erkundung dessen verlagert, was als charakteristisch menschlich gilt. Viele Problemstellungen, die sich beim Reden von der Seele herauskristallisiert und das Verständnis des Menschen bestimmt haben – beispielsweise das Verhältnis der Seele zum Leib, ihrer beider Befinden, die lokale und temporale Unbestimmbarkeit der Seele oder, anders gesagt, ihre relative Selbstständigkeit gegenüber Raum und Zeit –, brechen sich sozusagen nicht mehr an dem, was Menschen lebendig erhält und doch an ihnen nicht zu fassen ist. Spezifische Erfahrungen, die einst der Seele zugeordnet wurden, und entsprechende Denkerfahrungen gehen verloren, ästhetische verkümmern. Es entsteht eine – nicht bloß semantische – Leerstelle, ein Sprachverlust, der nicht repariert werden kann, sondern einer Heilung bedarf, die an die Grundlagen des Menschseins rührt.

Umgangssprachlich oszilliert »Seele« zwischen der Dynamik einer schwer zugänglichen Psyche, für deren Erschließung die Psychologie zuständig sein soll, und der Gesamtheit des »Erlebnisvermögens«[5] oder dem »Gemüt« als »Sitz der Empfindung«, wobei längst vergessen ist, dass »Gemüt« mit »Mut« zu tun hat.[6] So gesagt, »hat« jeder Mensch eine Seele, und niemand würde sich und andere Menschen als »seelenlos« bezeichnen wollen. Hier wird Seelisches weitgehend auf Freude, Trauer, Mitgefühl, Hingabe, Treue reduziert – und kann so auch bei Tieren und sogar bei Pflanzen ausfindig gemacht werden, die zuvor mehr oder minder personalisiert worden sind.[7] Doch was es bedeutet, essenziell von »der Seele« zu reden, scheint eine längst rückständig gewordene Frage zu sein. Als ein – wie auch immer gearteter und sprachlich klar umrissener – *Gegenstand* wird sie nicht mehr aufgefasst.

2. DIE SEELE ALS DESIDERAT EVANGELISCHER THEOLOGIE

Der damit verbundene Mentalitätswandel ist für die evangelische Theologie nicht folgenlos geblieben.[1] Die Seele ist für sie kein prominentes Thema mehr, auch in der Eschatologie spielt sie nur noch am Rande eine Rolle, in der Regel eine problematische (»unsterbliche Seele«)[2]. »Seele« ist zu einem *Problembegriff* geworden.

Im 20. Jahrhundert wurde bei der Wendung evangelischer Theologie zum Personalismus der Seele keine nachdrückliche Beachtung geschenkt.[3] In den – ohnehin seltenen – Beiträgen zu einer theologischen Anthropologie ist von ihr kaum eingehend die Rede. Der klassischen Unterscheidung von Seele und Leib widmete sich ausführlich nur Karl Barth: Der Mensch *ist*, »indem er als *Seele seines Leibes* von Gott begründet, konstituiert und erhalten wird«[4], und zwar dank des Geistes als »Lebensprinzip und Lebenskraft« »des *ganzen* Menschen«[5]. Seele und Leib sind wechselseitig aufeinander bezogen, und zwar mit einem Vortritt der »vernehmenden und tätigen Seele«, die den »wahrnehmenden und begehrenden« Leib so regiert, dass beide, miteinander verschränkt, »sich von Gott in Anspruch nehmen lassen«[6]. Wolfhart Pannenberg rückte die menschliche Identität aus entwicklungspsychologischer und soziologischer Sicht an die Stelle der Seele und kombinierte diese Identität mit dem lebendigmachenden »Wirken des göttlichen Geistes im Menschen«: Das »Leben des Lebewesens« Mensch,

biblisch »Seele« genannt, vollziehe sich im »Überschreiten des eigenen leiblichen Daseins« vermöge
des Geistes, der es »über seine Endlichkeit erhebt«,
zu guter Letzt zu Gott.[7] Paul Tillich meinte, das Wort
»Seele« habe »seinen Nutzen für die allgemeine wie
auch für die theologische Beschreibung des Menschen
verloren«; er bezog »Leidenschaft und Gefühl«, die
früher der Seele zugeschrieben wurden, in den »Geist
als eine Dimension des Lebens« ein und reservierte
die Seele nur noch für die Dichtung.[8]

Innerkirchlich ist eine wachsende Abneigung gegen das Wort »Seele« zu beobachten, motiviert von
einem diffusen Verdacht auf Pflege einer Innerlichkeit, der unterstellt wird, sich einzig und allein um
ihr »Seelenheil« – gemeint ist wohl: die Unversehrt-
heit der erlösten Seele, ihr ewiges Wohlergehen – zu
kümmern, nicht aber um leibhafte Sorgen und Nöte,
der eigenen wie der anderer. Dieser Verdacht hat in
den letzten fünfzig Jahren unter Einfluss der vorherr-
schenden Sozialethik auf die gesamte Theologie und
auf die kirchliche Praxis übergegriffen und fügt sich
mühelos in die weitverbreitete Umprägung der Seele
zum Movens menschlicher Lebensbewältigung ein.

Das Verständnis der Seele in der »Seelsorge« wäre
ein Kapitel für sich. Von ihr wäre doch wohl zu erwarten, dass sie Spezifisches von der Seele zu sagen
weiß: von ihrer Empfänglichkeit und Bedürftigkeit,
dem Raubbau, der an ihr getrieben wird, der Anfechtung, der sie ausgesetzt ist, den Verstrickungen, die
sie fesseln, und dem Trost, der ihr zugesprochen wird.
44 In der Theorie der Seelsorge zeigt sich indessen, dass

»Seele« jedenfalls hier zu einer Worthülse geworden ist, die Notlagen und Krisen Hilfsbedürftiger anzeigt, denen empathisch beigestanden und durch Reaktivierung verbliebener religiöser Reserven, vor allem aber durch Fürsorge, aufgeholfen werden soll.[9]

In der heutigen Seelsorgelehre und -praxis dient »Seele« am ehesten noch als Schutzbegriff gegen kräfteverzehrende Überforderungen in der Leistungsgesellschaft und als vielleicht letzte Bastion zur Verteidigung der Humanität: des menschlichen Lebens, wie es weder bildgebend erfasst, noch in Funktionen zerlegt werden kann. »Seele« soll den Mehrwert des Humanum repräsentieren, auch gegenüber verstiegenen Ansprüchen von Menschen an sich selber und an andere, nach der Devise: »Jeder Mensch ist mehr als das, was er aus sich machen kann.« Dieses Residuum der Menschlichkeit, so heißt es, verdiene unser aller Besorgnis und Sorge, und die Seelsorge verstehe sich als berufen, für dieses Reservat einzustehen, damit sie Gottes Menschenfreundlichkeit mitteilen könne. Eine Seele umsorgen könne nicht besorgt werden. Seelsorge als fürsorgliche Zuwendung zu äußerlich und innerlich bedrängten Mitmenschen sei auf humane Ganzheit bedacht und wolle nicht versehrte Funktionen wiederherstellen oder prothetisch ausgleichen, sondern Mut machen, aus den zu wenig genutzten eigenen Kräfte zu schöpfen und die Deutungshoheit über die eigene Lebensführung wiederzuerlangen. Dafür verlange sie einen anderen Blick auf den Menschen, auf seine Einzigartigkeit, die auch anders als bei der Untersuchung eines »Falles« angesprochen werden wolle. Nur dann könnten Menschen auch wirklich antworten, statt nur Auskunft über Symptome eigener Beschwernisse zu geben. Was früher einmal als »Seele« zur Sonderstellung des Menschen unter den Lebewesen gezählt wurde, wäre am ehesten als Kommunikationsfähigkeit zu verstehen, die das personale Ich, das Selbst, auszeichnet, das sich anreden lässt, darauf antwortet, sich verantwortet und Verantwortung übernimmt. Hier könne Seelsorge, wenn sie Gehör zu finden versteht, auch vom Nächsten und von Gott sprechen – und sich so von einer rein therapeutischen Beratung unterscheiden.

Verschwindet die Seele allmählich aus der Sprache des christlichen Glaubens? Bei der missglückten Revision der Luther-Übersetzung des Neuen Testaments im Jahre 1975 sollte »Seele« als vermeintlich nicht mehr angemessen und weithin unverständlich durch »Selbst« ausgetauscht werden. Dieser Gewaltstreich konnte damals noch abgewehrt werden; doch inzwischen sind die Stimmen derer, die »Seele« aus der Glaubenssprache verabschieden wollen, einflussreicher geworden. »Seele« gilt nicht mehr nur als farblos gewordene Vokabel, sondern als irreführende Bezeichnung für ein Element menschlicher Lebendigkeit. Welcher Platz ihr innerhalb eines Gesamtverständnisses des Menschseins gebührt, sei fraglich geworden. Darauf muss hier eingegangen werden, gerade wenn es zunächst nur als Übersetzungsproblem behandelt wird.

In früheren deutschen Übersetzungen des Alten Testaments wurde mit »Seele« überwiegend das Nomen *næpæš (nefesch)* wiedergegeben. Dessen Grundbedeutung ist »Kehle« (Num 11,6), an der der Atem ein- und ausströmt.[10] Die Bedeutung »Atem« (Gen 1,30) kann von dem zugehörigen Verb *npš* »aufatmen« abgeleitet werden.[11] Der strömende Atem erhält – wie das Blut (Dtn 12,23) – Mensch und Tier am Leben (»es atmet mich«) und hält Leben in Gang. Darum kann mit *næpæš* die »Lebensfähigkeit« oder ein »Lebewesen« gemeint sein. Beim Menschen steht *næpæš* in der Regel für das gelebte Leben, im Gegensatz zum Tod – Tod als jede Form der Lebensbedrohung, nicht (nur) als Ableben. Wegen ihrer personalen Note wird *næpæš* pronominal verwendet (»meine Seele«: »ich«). Im Sinne von »Person« kann *næpæš* auch für Zählungen eingesetzt werden. Als Atemorgan heißt *næpæš* die Kehle, die Gurgel, der atmend geöffnete Schlund, im übertragenen Sinne das *Begehren und Verlangen*,[12] die Sehnsucht, das »Lechzen nach« (Ps 42,3), der Appetit: Anzeichen menschlicher *Bedürftigkeit*, die gleichsam in die rechte Schwingung versetzt werden muss, damit sie sich nicht durch falsche Zielsetzungen verleiten lässt und daran scheitert.

In der neueren alttestamentlichen Wissenschaft gilt die Übersetzung von *næpæš* mit »Seele« meistens als unzutreffend oder zumindest als missverständlich, abgesehen von wenigen Texten, die Stimmungen schildern, meist düstere: Die *næpæš* fühlt sich beengt und bedrückt, ist beklommen, traurig, verzagt. Oder sie vermisst, was sie begehrt, was sie dringend braucht, und darum drängt sie danach, es an sich zu bringen, manchmal geradezu zu verschlingen.[13]

In der Regel bezeichne *næpæš* »das Vitale am Menschen im weitesten Sinne«. »Da der Hebräer die geistigen Funktionen von den vitalen des Körpers *(bsr)* nicht getrennt hat, sollte man von der Übersetzung dieses Wortes mit ›Seele‹, wenn irgend möglich, Abstand nehmen.«[14] Diese Direktive Gerhard von Rads ist allzu eifrig befolgt worden. Überspitzt gesagt: Mit *philological correctness* sollte »Seele« aus der Bibelübersetzung und damit aus einem maßgeblichen Bereich der christlichen Glaubenssprache vertrieben werden. Damit mochte nicht nur eine Weichenstellung für das biblische Reden vom Menschen vollzogen werden; auch ein Sprachverlust bei der Übersetzung wurde hingenommen.

Wie aber kann *næpæš* nun übersetzt, wie anthropologisch verstanden werden? Als Austausch für »Seele« vorgeschlagen werden »Vitalität«[15], »sprudelnde Lebensenergie«[16], »individuierte Lebendigkeit«[17], »lebendiges Selbst«[18], »vitales Selbst«[19] oder auch »das Selbst«, das »auf etwas aus ist«[20]. Diese Begriffe und Umschreibungen sind nur annähernd synonym; sie sind auch dermaßen voraussetzungsreich und anspruchsvoll, dass sie eingehend erklärt werden müssten, bevor sie für eine Übertragung eingesetzt werden können. »Selbst« kann betont »ich« bedeuten (»ich, nicht ein anderer«); »das Selbst« ist ein schillernder Reflexionsbegriff, der den Wesenskern einer Person meinen kann oder ihre Identität, ihre Selbstbezüglichkeit oder auch das Gewissen als Instanz ihrer Eigenverantwortung bezeichnet. Ausgehend vom Gefühlsbereich oder als Bewusstsein seiner selbst, baut sich »das Ich« als integrierendes Subjekt seines Erkennens und Wollens auf. Das formale »Aus sein auf …« will besagen, dass das *Begehren* des Menschen, erwachsen aus seiner *Bedürftigkeit*, auf ein Ziel gerichtet ist, das absichtlich oder unwillkürlich angestrebt wird. »Vitalität« soll eine organische Kraftquelle menschlichen Lebens bezeichnen, die sich nicht nur nicht physikalisch, sondern überhaupt nicht erklären lässt. Unter Berufung auf *næpœš* als »Lebenskraft« scheint sich die Vorstellung eines Antriebs einzubürgern, der den erschöpften Leib wieder in Schwung versetzt, ihn animiert, erneut durchpulst, energetisch auflädt. Dies verträgt sich schwerlich mit Gottes lebenserhaltendem und -bewahrendem Handeln, das eine meistens unmerkliche Lebendigkeit gewährt und oft erst spürbar wird, wenn diese Lebendigkeit sich zusammenkrampft oder eingeschnürt wird.

Wenn die *næpœš* sich äußert, ist dies mit leiblichen Vorgängen verbunden. Zum Reden bedarf es der Hirnfunktionen und Sprachwerkzeuge. Doch sie konstituieren die Rede nicht, sie sind unthematisch präsent. Würde Ps 103,1 übersetzt mit »Segne den HERRN, meine Kehle« oder »Lobe den HERRN, meine Kehle«[21], wäre dies eine Reduktion auf die Erzeugung von Lauten. Wenn einem Beter »das Wasser bis an die Kehle geht« (Ps 69,2; Jon 2,6), ist dies ein Bild äußerster Bedrängnis. Sogar in solcher Todesnot kann Gott noch angerufen werden, vielleicht nur noch ohne hörbare Stimme. Darum kann hier auch von der Lebensgefahr der Seele die Rede sein. – Wenn *næpœš* mit »ich« übersetzt wird, mag dies öfters philologisch zutreffen, aber damit wäre nicht immer schon genug gesagt. Wenn »mein Gebein« und »meine Seele« zutiefst verstört sind (Ps 6,3-4), soll ja nicht nur gemeint sein, dass »ich« bis in die Knochen erschrocken bin. – Andererseits wäre es viel zu weit gespannt, wenn *næpœš* durchgehend mit »Leben« wiedergegeben würde. Gemeint ist *Lebendigkeit in bestimmter Hinsicht: in der Perspektive eines Menschen auf seine Geschöpflichkeit,* auf sein Gott verdanktes, weil von ihm geschaffenes, erhaltenes und bewahrtes Leben. Kann aber »mein Leben« nach Gott schreien (Ps 42,3)?[22] Das wäre doch wohl zu viel der Poesie. Wenn »meine Seele« sich sehnt, Gottes Angesicht zu schauen, wie es sich mir gnädig zuwendet, wenn die Seele so sehr danach lechzt wie die Hirschkuh nach frischem Wasser, dann ist Vergleichspunkt der elementare Schrei nach Lebensnotwendigem. Ihn artikuliert die menschliche Seele, indem sie vor Gott bringt, wie und woraufhin sie geschaffen ist. Sie würde ohne Wasser verdorren und verdursten wie andere Lebewesen; doch sie weiß zu sagen, dass das unerschöpfliche Quellwasser, das sie vor dem Verdursten rettet, Gottes Güte ist, frisches Wasser inbegriffen.

Die alttestamentliche Wortforschung hat aufgezeigt, wie breit und vielschichtig das Bedeutungsfeld der *næpœš* ist. Für die Übersetzung scheinen zahlreiche Möglichkeiten zur Wahl zu stehen, die neuerdings weidlich ausgenutzt werden. Um die rechte Entscheidung zu treffen, muss aber nicht nur der jeweilige syntaktische Zusammenhang beachtet werden, sondern auch die Konzeption des Sprachgebrauchs, der Raumvorstellungen, Sichtweisen und anthropologische Komponenten einschließt, die noch nicht kategorisiert sein müssen. Gegen die Übersetzung des Sammelwortes *næpœš* mit »Seele« wird oft eingewandt, sie begünstige eine Zweiteilung des Menschen in geistige und leibliche Funktionen, ein dichotomisches oder gar dualistisches Menschenbild griechischer Observanz, das dem hebräischen »ganzheitlichen« Denken fernstehe.[23] Ganz davon abgesehen, dass »Ganzheitlichkeit« in einen Jargon eingegangen ist, dem jede Innenspannung missfällt – der »ganze Mensch« kann durchaus im Blick sein, ohne dass er durch eine ganzheitliche Betrachtungsweise erfasst werden müsste, die im Grunde *eine selbstorganisierte Leiblichkeit* in allen ihren Beziehungen wahrhaben will. Doch ebenso sehr, wie die Seele sich leiblich äußert, ist der Leib seelisch geprägt; »mit dem Leib ist stets auch die Seele betroffen, die zu übersehen nur einem seelenlosen Blick möglich wäre. Vom Leib der Seele abzusehen, wäre in entsprechender Weise ›seelenblind‹«.[24] Mit »Leib und Seele« wird *die unteilbare, jedoch nicht undifferenzierte Einheit menschlicher Lebendigkeit* umschrieben.[25] Sie kann nicht auf Bedürftigkeit zurückgeführt und darf nicht auf Intentionalität beschränkt werden.[26] Die Seele erlebt, erleidet, wird getrieben und agiert. Sie kann verdüstert oder erleuchtet werden, sich über Ort und Zeit hinausbewegen, indem sie gedenkt und erhofft, ohne an Bodenhaftung zu verlieren; sie kann sich verzehren, in sich gespalten sein, gerät in eine Falle oder verstrickt sich. Sie wird von Gott aufgeschlossen, in eine unermessliche Weite geführt und ihm zugewendet. Wie könnte all dies noch angemessen zum Ausdruck kommen, wenn »Seele« durchweg mit »Leben«, »Mensch« oder mit einem Personalpronomen ausgewechselt würde?[27] Syntaktisch mag dies dann und wann angebracht, gelegentlich sogar erforderlich sein; als generelles Verfahren begünstigt es jedoch eine Sprachverarmung mit reduktionistischen Nebenwirkungen. Die hermeneutische Verwirrung in Theologie und Kirche wird dadurch nur vergrößert.

In der Septuaginta, der Übertragung der Hebräischen Bibel in die griechische Alltagssprache (ab ca. 250 v.Chr.), wird *næpæš* meistens mit ψυχή übersetzt,[28] ohne dass das alttestamentliche Bedeutungsspektrum wesentlich verkleinert würde. Eine griechische Auffassung vom Menschen, die die »Seele« vom »Körper/Leib« abhebt, macht sich erst hin und wieder bemerkbar.[29] Allerdings schränkt die gelegentliche »Bedeutungsverschiebung in Richtung einer ›Psychologisierung‹«[30] die hebräische »Wortlandschaft« (um mit Franz Rosenzweig zu sprechen[31]) etwas ein, aber deren »Wurzelschicht«[32] bleibt nicht nur erhalten, sondern ist mit dem vorphilosophischen Griechisch vernetzt: ψυχή kann auch dort »Atem«, »Leben«, »Lebewesen« bedeuten oder an die Stelle eines Pronomens treten.[33]

Verglichen mit den zahlreichen alttestamentlichen Belegen für die *næpæš*, zumal im Psalter, ist im Neuen Testament seltener von der ψυχή die Rede – vielleicht auch deshalb, weil der Textbestand verhältnismäßig wenige neue Gebete enthält. Die Bedeutung des Psalters als Gebetbuch für Jesus und die frühen christlichen Gemeinden ist jedoch nicht zu unterschätzen, und wenn in neutestamentlichen Texten einzelne Teile eines Psalms zitiert werden, ist dieser als ganzer präsent. Wenn Jesus in Gethsemane sagt, seine ψυχή sei »zu Tode betrübt« (Mt 26,38), ist dies Psalmensprache. Auch Maria nimmt sie auf, wenn sie als werdende Mutter voller Freude Gott ehrt und wenn – gleichbedeutend – ihr Geist (πνεῦμα) voller Jubel Gott preist (Lk 1,46-47); im Danklied Hannas nach der Geburt Samuels, das in Marias Lobgesang teilweise wiederkehrt, heißt es: »Mein Herz ist fröhlich in dem Herrn.« (1 Sam 2,1)

Psyché steht für die Existenz, wenn jemand riskiert, seinen Hals für das Leben eines anderen hinzuhalten (Röm 16,4). »Eine Seele retten« bedeutet ein Leben retten (Mk 3,4; Lk 6,9). Jesus ermahnt seine Jünger: »Fürchtet euch nicht vor denen, die den Leib (σῶμα) töten, die Seele aber nicht töten können – fürchtet viel mehr den, der Leib und Seele zu vernichten vermag [...].« (Mt 10, 28) Hier scheint es, als ob Leib und Seele voneinander getrennt werden könnten; gemeint ist jedoch gerade nicht, dass die Seele, die das Leben trägt, den Tod überdauere.[34] Leib und Seele gehören dem, der sie richtet, weil er sie als Einheit geschaffen hat. Das Herrenwort »Wer seine ψυχή retten will, wird sie verlieren, wer sie aber verliert [...], wird sie retten« (Mk 8,35-37 parr.; vgl. Joh 12,25) enthält keine paradoxe Regel für ein Spiel ums Leben, das ohnehin unerschwinglich und unwiederbringlich ist. Vielmehr ruft es zur Bereitschaft, sein Leben in der Nachfolge Jesu zu lassen und »sich selbst zu verleugnen«, d.h.

jegliche Selbstbegründung aufzugeben. Da die Seele für das Sich-selber-Wollen anfällig ist, kann ψυχή hier durchaus auch mit »Seele« übersetzt werden. Paulus hat in Röm 7,15-20 die Tiefenstruktur dieses Lebenswillens in den innersten Regungen des Wollens aufgezeigt: als eine unaufhörliche Selbstsuche, als eine »Lüsternheit des Selbst auf sich selbst«[35].

Die Bedeutung von *næpæš* »als Bezeichnung des menschlichen Lebens bzw. des Menschen in seiner Lebendigkeit«, »die seinem Ich als strebendem, wollendem, auf etwas gerichtetem eigen ist«[36], wird im Neuen Testament auch für die ψυχή beibehalten, diese Ausrichtung wird aber eigentümlich aufgebrochen.

Was die ψυχή bewegt, wird von der Leben schaffenden Kraft des πνεῦμα umgeprägt. Das πνεῦμα als Gottesgabe der neuen Weltzeit widerstreitet der σάρξ des sich selbst behauptenden Menschen, der sich der Sünde preisgibt. Wer aus Gottes Geist neu geboren ist, kann sich mit sich selbst als dem »fleischlichen« Menschen nicht vertragen. So entsteht ein binärer Gegensatz, der sich nicht zu einem Dualismus auswachsen darf. Das Pneuma befreit Menschen in ihrer geschöpflichen Lebendigkeit, soweit diese der vergehenden Welt verfallen ist, löst sie aber damit nicht aus ihren fragilen Daseinsbedingungen. Von einer vom Leib abgehobenen, vom Körper befreiten oder gar in einer anderen Sphäre behausten Seele ist nie die Rede. *Pneuma* und *psyché* stehen gleichrangig nebeneinander: Gottes Wort durchschneidet die menschliche Seele ebenso wie den Geist des Menschen (Hebr 4,12), aber es trennt nicht den Geist von der Seele.

Kraft des πνεῦμα entsteht eine neue Differenzierung, die nicht mehr mit dem Verhältnis der *næpæš* zum Menschen als Staubgebilde zur Deckung kommt: »neuer/alter Mensch, innerer/äußerer Mensch, himmlisch/irdisch« (Eph 4,24; Kol 3,10; Röm 8,9; 2 Kor 4,16-18; 1 Kor 15,47-49). Paulus versucht, weitere Perspektiven auf den Menschen namhaft zu machen – eine Innenspannung, für die die rechte Sprache erst noch gefunden werden muss, um die Paulus hier ringt. Während der äußere Mensch sich fortlaufend selbst zerrüttet, beginnt Gott, den inneren Menschen neu zu gestalten, so, dass er sich in der unermesslichen Erstreckung seines, Gottes, Handelns finde. So arbeitet Gott an unserer Erlösung. Wir gehen nicht nur zugrunde – wir werden uns los![37] Worauf sich die *næpæš/ψυχή* ausrichtet und worauf sie gerichtet wird, wird zur Sprache gebracht, ohne dass von »Seele« gesprochen würde. Der Wortwechsel zwischen innerem und äußerem Menschen findet in der Seele statt – und zwar nicht in Form eines inneren Dialogs oder eines Selbstgespräches. Ein weiterer Grund dafür, auf »Seele« als Wort der Glaubenssprache keinesfalls zu verzichten!

3. DER MENSCH ALS SEELE

Martin Luther zog in seiner Verdeutschung der Bibel
das Wort »Seele« trotz seiner etymologisch unkla-
ren Herkunft heran, obwohl ihm bewusst war, dass
næpæš mit »Leben« übersetzt werden kann. Zum
Beginn des Magnificat (Lk 1,46-55) bemerkte er:
Die Seele, die den Leib lebendig macht und durch
ihn wirkt, »wird oft in der Schrift für ›das Leben‹
genommen«[1]. Die Übertragung ins Deutsche könne
nur annähernd gelingen: »›Mein Seel‹« – »wir können's nicht auf Deutsch (wieder-)geben, man muss
sich an die hebräische Sprache gewöhnen. Man kann
nicht alles ins Deutsche übertragen. Leib und Leben
regt sich. [Gemeint ist:] Es geht mir durch Leib und
Leben, dass die fünf Sinne fröhlich werden und das
ganze Herz.«[2]

Martin Buber und Franz Rosenzweig gaben bei ihrer Übertragung der »Schrift« in die zu ihrer Zeit, den
1920er-Jahren, schon erheblich gefährdete deutsche
Sprache *næpæš* überwiegend mit »Seele« wieder, un-
beschadet ihrer Reserviertheit idealistischem Denken gegenüber. Sie wollten sich an den hebräischen
Sprachgebrauch halten, der durch bloße Wortforschung nicht zu ermitteln ist.

»Seele« ist das Kennwort für *innige Lebendigkeit
mit all ihren Facetten,* für eine Intimität, die nicht nur
persönlich vertraut bleibt, sondern sich ausdrückt,
darum auch wiedererkannt werden kann, während
»Innerlichkeit« durch den Verdacht auf Flucht vor äu-

ßeren, nicht nur äußerlichen Erfordernissen belastet sein mag. Doch die Verbannung der Seele aus dem Sprachgebrauch – oder auch ihre Trivialisierung – wäre eine viel gefährlichere Fluchtbewegung: vor dem Geheimnis des Menschen, das sich in seiner geprägten Lebendigkeit verdichtet.

Die zweite Schöpfungsgeschichte erzählt, wie die Menschheit »beseelt« wird: JHWH bläst dem aus Erdenstaub geformten Gebilde »Adam« den »Hauch des Lebens« (*nišmat ḥajjim*) ein: Atmend wird es zum »lebenden Wesen«[3] (*næpæš ḥajjāh*), zur leiblichen Gestalt (Gen 2,7). Figürliches wird ins Leben gerufen. Die Ein-Gabe des Schöpfers erschafft geprägte Lebendigkeit: Alle im Schöpfungsakt gebildeten Organe und Fähigkeiten werden vom ersten Atemzug an und zeit des gelebten Lebens belebt, sie wirken aufeinander und miteinander. Der Atem trägt das Leben; er gleicht nicht einem Kraftstoff, der ein Getriebe am Laufen hält. Verlässt der »Hauch des Lebens«[4] den Menschen, stirbt er (Ps 104,29). Er – nicht nur sein Körper – wird wieder zur Erde (Gen 3,19), aus der er gebildet wurde, wie die Tiere zerfällt er zu Staub. Auch sie hauchen ihr Leben aus – wie der Mensch (Koh/Pred 3,19-21). Dass er sehen muss, dass er dem Vieh jedenfalls in dieser Hinsicht nicht überlegen ist, gehört zu Gottes Gericht über seine Lebensweise, die immer wieder versucht ist, sich zu versteigen, indem sie erstrebt, was den Tod überdauern soll. Ohne Gottes »schöpferische Lebenskraft«[5] (*rūᵃḥ*, hier synonym mit *nᵉšāmā*) gäbe es kein menschliches Dasein (Hi 34,14-15). Sie ist lebensnotwendig, der Mensch verfügt aber nicht über sie. Sie kehrt zu Gott zurück (Koh/Pred 12,7), jedoch nicht als unvergänglicher Bestandteil des Menschen. Seine Beseelung begabt ihn auch nicht mit schöpferischer Kraft. Er soll auf seine Lebenskraft achten, darf sie nicht selbstmächtig aufs Spiel setzen. Nur Gottes Lebenskraft vermag wiederzubeleben, sogar Tote zu erwecken (Ez 37,5-6.8-10.14). Sie allein ist wahrhaft schöpferisch. Darum kann die menschliche *næpæš* nicht als schöpferische Lebenskraft angesehen werden, wie überhaupt das Attribut »schöpferisch« für Menschen nur äußerst sparsam verwendet werden sollte, gerade in der Theologie.

Die Seele eines jeden Menschen wird allererst dadurch geprägt, wie er von Gott geschaffen ist. Sie gehört zu seiner individuell besonderen Beschaffenheit, wie sie von ihrem Schöpfer erhalten und bewahrt wird. Sie prägt sich aus in allem, was der beseelte Mensch von Gott empfängt – ob er es nun bemerkt oder nicht –, wie es mit seiner Wahrnehmung zusammenwirkt und wie er darauf antwortet. So gleicht die Seele einem »*Resonanzkörper*« (Kurt Josef Wecker). Sie nimmt auf, was dem Menschen als Lebewesen widerfährt, was auf ihn eindringt, ihm entgegenkommt, von ihm aufgenommen oder zurückgestoßen wird. Sie antwortet mit dem leibhaften Ausdruck, der aus dem hervorgeht, wessen die Seele innewird.

Der lebendige Mensch ist Seele, er hat nicht eine Seele wie einen Körperteil, der anatomisch auffindbar wäre oder als eine Synapse von Nerven oder eine Funktion von Hirnstämmen dokumentiert werden könnte, auch wenn Äußerungen der Seele wie Freude, Trauer, Begehren, Gedenken und Hoffen bis zu einem bestimmten Grade als Impulse und Ströme im Gehirn aufgezeichnet werden können. Als Seele wird der Mensch in bestimmter Perspektive wahrnehmbar: in seiner *Lebendigkeit, wie sie geprägt ist und sich individuell ausprägt.* Es ist eine *gestalthafte* Lebendigkeit, keine ziel- und rastlos unbändige, chaotische Regsamkeit oder ungehemmte Lebenslust, sondern strukturierte Dynamik. Zum lebendigen, sprechenden Ausdruck eines Menschen gehören sein Blick, seine Stimme mit ihrer Klangfarbe, seine Gesichtszüge und Gestik, seine Körperhaltung, seine Gewohnheit. In seiner Seele wohnt der Mensch, ist er anders zu Hause als in seinem Leib.

Hegel hat dieses Einwohnen darauf zurückgeführt, dass die Seele die Leiblichkeit ein- und durchbildet, indem sie das »Leibliche der Gefühlsbestimmungen« wiederholt sich ein-bildet und dies durch Übung zur Gewohnheit wird:[6] beispielsweise das Aufrechtstehen, Sehen, Denken, Erinnerung und Gedächtnis. Darum kann die Gewohnheit »zweite Natur« genannt werden; »Natur« deshalb, weil sie »ein unmittelbares Sein der Seele« ist. Der Begriff »Gewohnheit« ist uns in seiner positiven Bedeutung,[7] die auch Verlässlichkeit umfasst, verloren gegangen oder zur bloßen Angewohnheit, meistens einer schlechten, entwürdigt worden. Für Hegel ist dagegen die »wesentliche Bestimmung« der Gewohnheit die »Befreiung, die der Mensch von den Empfindungen, indem er von ihnen affiziert ist, durch die Gewohnheit gewinnt«:[8] »Einwohnen im besonderen Gefühlsinhalt«, »Arbeit am Negativen der verschobenen Erinnerung und verfehlten Entäusserung«.[9]

In der Frühgeschichte des Begriffs »Seele« begegnet immer wieder die Verbindung von *Bedürftigkeit und Begehren*, aus der hervorgeht, worauf ein Mensch hinauswill, im alltäglichen Einzelnen und für seinen gesamten Lebensvollzug. Davon ist er so geprägt, dass er sich relativ frei von genetischer Determination und sozialer Bedingtheit ausbilden kann. Aber er ist nicht davor geschützt, sich so auszuprägen oder ausprägen zu lassen, dass ihm diese Freiheit verloren geht. Seelen können standardisiert werden, Gesichter zu Masken erstarren. Darum ist entscheidend, worauf die Seele ausgerichtet ist und worauf sie sich richtet. Mit ihrer Ausrichtung ähnelt sie einem Kompass, mit dessen Hilfe sie sich orientieren kann.

Als *ausgeprägtes Begehren* kann »Seele« sich dem »Herzen« als Kraftzentrum annähern, in dem alle willkürlichen und gezielten Lebensäußerungen, Empfinden, Erkennen und Wollen aufeinander treffen.[10] Auch die »Vernunft« steht der Seele nicht fern, denn sie muss unterscheiden und ansatzweise urteilen können.

In der klassischen griechischen Philosophie, die auf *Kategorisierung* bedacht war, nimmt die Seele dagegen einen führenden Platz im Aufbau menschlicher Fähigkeiten und menschlichen Handelns ein: Sie leitet und lenkt den Körper, indem sie ihn *formt*. Nicht die schöpfungsmäßig geprägte Seele prägt sich aus. **60** Eine andere Semantik zieht die Seele an sich. Wenn

Sokrates mahnt, für die Seele zu sorgen und sich nicht nur um materielle Güter zu kümmern, will er darauf aufmerksam machen, dass Reichtum aus der Tugend, nämlich den Maßstäben für das rechte Handeln, entsteht, nicht aber Tugend aus Reichtum erwächst. Nach Einsicht und Wahrheit gilt es zu trachten, statt Ruhm und Ehre erreichen zu wollen. Politische Ethik bedarf der Sorge um die eigene Seele, damit das Handeln nicht in die Irre geführt wird. Nur so kann der Einzelne als Glied des Gemeinwesens gedeihen.[11]

In Platons mythologischer Stilisierung der Reden des Sokrates gehört die ψυχή einer anderen Wirklichkeit an als der Leib: Sie ist immateriell, unvergänglich, unsterblich, weil sie an den göttlichen Ideen Anteil hat; im Tode löst sie sich vom Körper, sie legt ihn ab wie ein verschlissenes Kleid.

Für die Anthropologie der Alten Kirche, die weitgehend aus einer Seelenlehre in vorwiegend ethischer Ausführung bestand,[12] vertrug sich die Hoffnung auf Auferstehung der Gestorbenen schwerlich mit dieser tendenziell dualistischen Auffassung. Die Kirchenväter schlossen sich lieber der Kategorisierung des Aristoteles an: Die Seele gestaltet den Körper und lenkt, was er vermag. Diese Verklammerung von systematischer Anthropologie und Ethik konnte mit der neuplatonischen Auffassung von der Unsterblichkeit der Seele mit Hilfe der biblischen Erzählung von der Erschaffung des Menschen als »Bild Gottes« (Gen 1,26-27) kombiniert werden, das am Ende der Zeiten vollständig wiederhergestellt werden wird: Der Mensch wird bei der Auferstehung von den Toten wieder in seinen ursprünglich unversehrten Zustand versetzt, der durch die Ursünde des Begehrens, Gott gleich zu sein, verletzt worden war. Die unsterbliche Seele ist Gott ähnlich, indem sie Lebenskraft verleiht. Ihr Wirken wird durch den Tod aufs Äußerste geschmälert, aber nicht völlig vernichtet.[13]

Als Beispiel für das Schwanken zwischen einer Kategorisierung der Seele und einer perspektivischen Differenzierung sei ein Versuch Luthers genannt, die philosophisch-theologische Tradition der Aufgliederung des Menschen biblisch-theologisch zu untermauern und zugleich zu korrigieren. In seiner Auslegung des Magnificat (Lk 1,46-55)[14] liest er die Wendung »meine Seele erhebt den Herrn, und mein Geist jubelt über Gott, meinen Erretter« als zwei miteinander verschränkte Perspektiven und fügt als dritte den Leib hinzu, wobei er sich auf 1 Thess 5,23 beruft. Der Mensch ist aufgebaut wie die Stiftshütte, das Zelt der Begegnung des wandernden Gottesvolkes mit JHWH (Ex 40), oder wie der Tempel, der das dunkle Allerheiligste, die von Kerzen erleuchtete Halle der gottesdienstlichen Versammlung und den Vorhof als öffentlichen Bereich im hellen Tageslicht umfasst.[15] Diese drei Räume, in denen sich das gesamte Leben des Christenmenschen vollzieht, entsprechen *Gottes Handeln an und in »Geist, Seele und Leib« des unteilbaren, aber in seiner Lebendigkeit differenzierten Menschen.*

Gottes lebendiges Wort wirkt am menschlichen Geist im Dunkel der Verborgenheit Gottes, »außerhalb des durch mein Erleben und Erfahren konstituierten ›Außen‹«,[16] indem der Geist über die Richtung entscheidet, die die Seele einschlägt – im Glauben oder im Unglauben.

Die Seele macht den Leib lebendig, wie er »auch ym schlaff unnd on unterlasz lebet und wurckt«: Er atmet, bleibt bedürftig und ist empfänglich, empfindet Schmerzen. Ihrer »Natur« nach gehört sie zum Geist, sofern sie auf die leiblichen Bedürfnisse achtet und darauf, wie diese zum Begehren führen. Hier muss sie zwischen Wünschen und Lebensnotwendigem unterscheiden und verständig danach fragen, was erfüllt werden kann und erreicht werden darf. In diesem ihrem »Werk«, in dem sie sich vom Geist abhebt, leuchtet sie wie die Lichter im Tempel. So ist die Seele gleichsam die Schaltstelle zwischen Geist und Leib, der wie im Vorhof des Tempels für alle Anwesenden sichtbar ist.

Der Mensch, der Gott anruft, blickt also auf sein gesamtes Leben. Leib, Seele und Geist sind jeweils der Mensch als ganzer, aber in unterschiedlichen Perspektiven, die aufeinander bezogen sind: die Seele im Übergang vom Geist, der Gottes Wort vernimmt, und zu ihrer Leibbezogenheit. Gott, der im Verborgenen wirkt, geleitet in der Freiheit seines Wortes den Menschen zur Freiheit seiner Seele, die den Leib leitet, ohne dass dieser ein formbares Material der Seele wäre. Der Leib mit seinem Begehren in allen seinen Formen bedarf in der Kommunikation mit anderen Geschöpfen der Ausrichtung der Seele, dem Ort oder Sitz der Sehnsucht, die auf den Geist angewiesen ist, der Gottes Verheißung und Weisung empfängt, darauf antwortet und so lebendig bleibt. Der Übergang vom Geist zur Seele ist fließend, nicht selten wird unterschiedslos von ihnen beiden gesprochen – immer aber unterschieden von Gottes Geist, der erneuert, »neues Leben« schafft.

4. DIE SEELE IM GEBET

Für das theologische Bedeutungsfeld der *næpæš* ist
vor allem der Psalter lehrreich, an den sich das christliche Liedgut bis in die jüngste Zeit hinein angeschlos-
sen hat; viele Gesangbuchlieder sind Umdichtungen
von Psalmen. Hier würde sich die Vertreibung der
Seele aus der Glaubenssprache besonders verhäng-
nisvoll auswirken. In den Psalmen reden Betende und
Singende nicht nur aus ganzer, tiefster Seele, sondern
sie sprechen auch von ihr und von dem, was sie bewegt. Sie rufen ihre Seele zu Lob und Dank auf: so,
als stünden sie ihr gegenüber. Gerade so sehen sich
die Betenden mit ihrer Seele vor Gott gestellt, der
sie kennt und sie sieht: so, wie niemand anderer sie
sehen kann, geschweige sie sich selber, und sie versuchen auszusprechen, was ihnen dabei unverhofft
widerfährt.

Der Psalter soll als Gebetbuch der Kirche zu Rate
gezogen werden, um der Aufgabe der Theologie nach-
zukommen, als »eines der Schatzhäuser der Kirche«
die »Sprachmeisterin für die Christen«[1] zu sein. Verstehen wir auch, was wir da lesen? Wie verstehen wir
es und wie verstehen wir uns, wenn wir es mitsprechen? Das biblische Reden der Seele will als Sprachgebrauch (»Grammatik«) gewürdigt werden, der mit
bestimmten Lebensformen verbunden ist.[2] Für diesen Sprachgebrauch sind die Psalmen mustergültig,
vor allem, wenn sie regelmäßig gebetet und gesungen
werden.

In der Gebetssprache der Psalmen erschließt sich die *næpæš* als Antwort auf den Ruf Gottes: »Adam, wo bist du?« (Gen 3,9), in einer Antwort, die oft damit beginnt, dass der Betende gleichsam sich anredet, ohne sich in ein Selbstgespräch zu verlieren. Er redet zu seiner Seele, wendet sich ihr als einem Du zu, das ihn wahrnimmt und ihm sagt, wie es um ihn steht, wessen er bedarf und woraufhin er lebt. Und er ruft seine Seele zum Gotteslob, zum Danken und Gedenken auf (Ps 103,1-2.22; 104,1; 146,1; ähnlich in Paul Gerhardts Lied: »Du meine Seele, singe«, EG 302). Dies ist etwas anderes als eine »Selbstermunterung«[3], zu der der Beter sich aufrafft. *Der Beter redet mit seiner Seele, er gibt ihr gleichsam das Wort, damit sie vor Gott ausspricht, wie es um ihn, um sein Leben steht.* Dieses Selbstverhältnis ist keine Selbstbezogenheit, das Zwiegespräch mit der Seele kein innerer Dialog. Es ist die Dynamik eines Lebensvorgangs, die unthematisch verdichtet wird und darum auch nicht reflektierend einzuholen ist.

»Ich« rufe meine Seele auf, meine Lebendigkeit wahrzunehmen, die ich meinem Schöpfer verdanke, der mich erwartet. Es ist eine Selbstwahrnehmung sui generis, besonderer, eigener Art. Sie weckt den Zweifel an der illusionären Überzeugung, sich selbst »von innen heraus« kennen zu können. Von meiner Seele reden und zu ihr sprechen heißt, aus der eigenen Unergründlichkeit zu reden, von dem zu reden, was in Gottes Handeln gründet, und damit meiner Unergründlichkeit zu entsprechen.

Die næpæš wird zur Wahrnehmung aufgerufen, die sich in der Anrufung Gottes äußert. Sie fordert sich auf,

Gott zu loben: vor Gott zu sagen, was er wirklich ist, ja,
ihn zu segnen, indem sie sich ganz in Gottes Handeln er-
gibt und Anteil daran nimmt, und so in den Gottessegen
einzustimmen.[4]

Die Seele artikuliert sich im Gebet: dort, wo sie dem Ruf Gottes standhält und nicht zurücktritt, etwa um sich erst einmal darauf zu besinnen, wie es überhaupt möglich ist, Gott zu hören und sein Handeln wahrzunehmen. So wird die Seele im Gebet geprägt als die zu Gott und seiner Geschichte mit mir zugewandten Lebendigkeit. Im Gebet bleibt der einzelne Beter nicht für sich allein, auch nicht mit seiner persönlichen Bedürftigkeit. Das betende Ich ist das Ich der betenden Gemeinde.[5] Sein Aufruf zur Verherrlichung Gottes ist der kategorische Imperativ für das Menschengeschöpf als doxologische Existenz.

Im Gebet sieht sich die Seele vor Gott gestellt, dort, wo sie sich vielleicht gar nicht gesucht hat und sich lieber nicht finden lassen möchte. In Gespräch mit der Seele breitet der Beter sich und seine erfahrene Leiblichkeit vor Gott aus, ohne geschwätzig zu werden: indem er ausspricht, was ihm widerfuhr und mit ihm geschah, worüber er sich verhalten freut oder lauthals jubelt, woran er sich erinnert, was er befürchtet und was er erhofft, was er zu guter Letzt Gott anheimstellt, der ihm Leben verliehen hat, der ihm das Leben nehmen und ihn wieder erwecken kann. Eine Seele kann sich in der Endlosschleife der Daseinssorge verzehren (Ps 13,3). Wenn Gott nichts von sich hören und sein Antlitz, seine gnädige Zuwendung, nicht sehen lässt, dann fallen auch dem Menschen die Augen zu und er fällt in einen todesähnlichen Schlaf. Die angefochtene Seele kann nicht aufblicken und kommt nicht zur Ruhe (Ps 42,6).

Gott handelt an der *næpæš* seiner Menschengeschöpfe, indem er ihr Leben bewahrt, aus äußerster Bedrängnis, durch Todesnot hindurch errettet und zum Leben erweckt. Ist die Seele wie in einer Falle gefangen (Ps 25,15; 31,5; 124,7), kann sie, von Gott befreit, wieder ihre Flügel ausbreiten und sich in die Weite hinausschwingen. Auf vielfältige Weise wird die Seele dessen gewahr, wie sie Gottes bedürftig ist und was sie begehren darf, damit sie mit ihm lebt.

Es sind diese Wahrnehmungen, mit denen der Beter als Seele ersieht, wie sein Leben von Gottes Handeln *geprägt worden* ist und mit welchen seiner Antworten darauf sich seine Lebendigkeit *ausgeprägt* hat. Im Gebet wird mit der Seele gesprochen, nicht über sie, auch wenn von ihr die Rede ist. Es werden keine Beobachtungen über ihre Regungen und Hemmungen geordnet und zusammengefasst, um ihr auf den Grund zu kommen. Was meine Seele Gott anvertraut, gehört zu der Geschichte, die Gott mit den Menschen eingegangen ist. Indem es möglichst klar und deutlich, ungeschminkt und offen ausgesprochen wird, kann es auch von anderen Menschen deutlich genug gehört werden. Ja, sie können es mitsprechen, darin einstimmen, um »ein Herz und eine Seele« zu werden.

Wie stimmt sich eine vom Gebet geprägte Seele in den Tag ein?[6]

Im jüdischen Morgengebet[7] wird der Beter seines Überschrittes vom Schlaf zum Erwachen gewahr und schreitet nach, was er dabei täglich neu entdeckt: wieder erweckt aus einem totenähnlichen, von Träumen heimgesuchten, aber zugleich Gott besonders nahen Zustand. Dieses Ausschreiten vollzieht sich auch leiblich, mit bestimmten Schritten und Bewegungen. Alle Morgen neu erwacht die »lebendige Seele« (*næpæš*), indem der Beter für das Verhältnis zu sich selbst aufmerksam wird und dabei zunächst seine Aufmerksamkeit für sich weckt, für alle seine inneren Bewegungen wie den Kreislauf des Blutes und das Bewusstwerden für die Außenwelt, die auf ihn gleichsam einströmt. Auf einer weiteren, darauf aufbauenden Phase werden die näheren und weiteren Beziehungen, in denen der Beter lebt, erneut entdeckt: Beziehungen, die sich sprachlich vermitteln (»beziehungsvolle Seele«). Hier wird der Beter auch der tatsächlichen, nicht bloß vorgestellten Leiden inne, die in diesen Beziehungen enthalten sind, an denen er Anteil hat und Anteil nimmt und die ihn für die Erlösungsbedürftigkeit der Welt aufmerksam werden lassen. Das Erwachen vollzieht sich also als eine etappenweise, immer weiter ausgreifende Selbstwahrnehmung, die – wenn sie im Beten, also vor Gott, in der Anrufung Gottes, vollzogen wird – den Beter schließlich seiner Verbundenheit mit Israel und seiner Geschichte voller Leiden und Errettungen vergewissert und ihn in das beseelte Gottesvolk hineinstellt: in die Gemeinschaft der Beter, die lobpreisend der Taten Gottes in Schöpfung und Geschichte gedenken, die sich so auf

Erlösung ausstrecken und an Gottes erhaltendem und erlösendem Handeln an und in der Welt teilnehmen. Diese Teilnahme erschafft Gott, indem er mit göttlichem Geist (*rūᵃḥ*) in den Menschen, den er als sein Ebenbild geschaffen hat (Gen 1,26-27), gleichsam eintritt. Gottes Hand, die die Schulter des Beters wie der weiße Gebetsschal umfängt, wendet die ganze Haltung des Beters zur leidenden, erlösungsbedürftigen Schöpfung hin. Die Schritte der Selbstwahrnehmung sind umgeben und durchdrungen vom lobpreisenden Staunen über die Taten Gottes und vom Dank für sie: von einem Dank, der auch die Erinnerung an erfahrene und überstandene Belastungen wachruft (Ps 30), von Psalmen, die Gottes Handeln an und in der Schöpfung preisen (Ps 145-150), und von weiteren Bibeltexten.

Christliche Gebete mögen demgegenüber karg und weniger weit gespannt erscheinen, aber auch sie gleichen einer Entdeckungsreise und enthalten substanziell nicht weniger als die jüdischen, wenn sie theologisch ergiebig ausgelegt und mit Psalmgebeten verknüpft werden, was christlicher Frömmigkeitspraxis entspricht. Luther nahm sie aus seinem monastisch eingeübten Tageslauf auf und übertrug sie in die katechetische Unterweisung. Im Morgensegen[8] dankt der Beter Gott für die Behütung in der Nacht – auch wenn sie eine durchwachte Nacht war – und bittet um gnädige Bewahrung für den kommenden Tag. Die Seele tritt aus ihrer Selbstbenommenheit heraus. Der Betende befiehlt »Leib und Seele und alles«, also sich ganz und gar, in Gottes Hände und erbittet den Beistand seines heiligen Engels gegen die Macht des »bösen Feindes«. Das christliche Leben ist ja ein unaufhörlicher Kampf darum, dass Gottes Gerechtigkeit und Ehre nicht von Menschen verdunkelt und verfälscht werden, von Menschen, die unheilvollen Kräften ausgesetzt sind oder sich ihnen preisgeben. Wenn der Beter morgens »zu sich kommt«, wird er das rechte Verhältnis zwischen seiner neu erfahrenen Leiblichkeit und den Weltbeziehungen finden müssen: den Beziehungen, die von Neuem auf ihn eindringen. Besonders schwer fällt dies nach einer unruhig verbrachten Nacht, gestört durch belastende Empfindungen und trübe Gedanken. Aber auch wenn jemand beim Aufwachen voller Lebenslust kaum warten kann, den ersten Schritt zu tun, muss ein Einklang wie beim Einstimmen der Instrumente eines Orchesters gefunden werden. Jeder Morgen ist ein Neuanfang, ein Anlass, über die eigene Geschöpflichkeit zu staunen, über das Wunder des Sehens neuen Lichts, in dem die Umgebung allmählich in Erscheinung tritt, über das Zusammenspiel von Nerven und Muskeln, über die Geschicklichkeit der Hände – ein Staunen gerade dann, wenn das Altern zunehmend körperliche Einschränkungen mit sich bringt: Wie viel bleibt dann doch noch möglich, was wird vielleicht erst möglich?!

Das Gebet hält Leib und Seele zusammen. Indem der Beter sich in alledem dem Willen und der Handlungsweise des dreieinen Gottes anvertraut, öffnet er sich für die unvorhersehbare Fülle dieses schöpferischen, erhaltenden, bewahrenden, richtenden und rettenden Handelns, auf das er allenthalben trifft und das sein eigenes Tun und Lassen ausrichtet. »Und als denn mit frewden an dein werck gegangen.«[9] Den erbetenen Segen begleiten der Dekalog, das Credo und das Herrengebet, die zuvor im Katechismus ausgelegt worden sind. Dieses Morgengebet kann ähnlich entfaltet werden wie das jüdische Ritual, wenn wir, und sei es bloß ansatzweise, dem nachgehen, was wir hier vernehmen und daraufhin für unsere Schritte in den neuen Tag hinein entdecken können. Die Zehn Gebote sind Wegweisungen für ein menschliches Leben, das sich seine Grundlagen nicht besorgen kann und deshalb nicht dafür zu sorgen braucht. Die Bitten des Herrengebetes bereiten uns darauf vor, was Gott sich zu tun vorbehält und was wir tun können. Das Credo sagt uns, dass jeder und jede von Gott gewollt ist, so verschiedenartig, wie wir sind, und dass er uns erwartet.

5. DIE HOFFNUNG DER SEELE

Gebete, in denen sich die Seele vor Gott gestellt sieht, wollen den Weg weisen, der mit Gottes Geleit begangen werden kann. Doch schon die ersten Schritte können scheitern, wenn die Seele sich gleichsam im Wege steht. So fragt ein Psalmist seine Seele inständig, warum sie sich in Unruhe auflöst, sich versenkt,[1] unter Stöhnen vergeht (Ps 42,6.12; Ps 43,5). Die Seele wird nicht nach Ursachen für die Not gefragt, so bedrängend sie sein mögen (einige werden zuvor angedeutet), sondern nach dem Grund ihrer Unruhe. Auch wenn die Seele der Taten Gottes gedenkt, kann sie sich ebenso wenig damit selbst beruhigen wie mit der Erinnerung daran, wie sie im Heiligtum ihre Seele ausschütten und reinigen lassen konnte. Sie kann nicht zur Ruhe kommen, keinen Halt gewinnen, keinen Frieden finden, weil ihre Lebendigkeit zutiefst bedroht bleibt, wenn sie nicht auf Gott harrt: stetig, beharrlich und geduldig darauf wartet, dass er eingreift und die aufgelöste Seele so festigt, dass sie standhalten kann, ohne ihre Lebendigkeit einzuschränken. Die sich sehnende Seele kann »stille werden zu Gott, der mir hilft« (Ps 62,2), denn »er ist meine Hoffnung« (Ps 62,6)[2]. »Ich hoffe auf dein Wort« (Ps 130,5): auf das Eintreffen des Wortes warten, es als lebendiges Wort hören, von dem der Harrende lebt, und sich in dem Handeln Gottes aufhalten, das ihm widerfahren ist.

Die Seele hofft, weil sie bedürftig ist. Sie möchte ihr Begehren stillen, und daraus erwächst neues

Begehren. In dieser Hinsicht heißt hoffen, sich nie genügen zu lassen: nicht nur nicht mit dem, was erreicht wurde, sondern auch mit sich selbst, weil die eigenen Potenziale tatsächlich oder wahrscheinlich niemals ausgeschöpft werden können. So übersteigt der Mensch den Menschen unablässig, manchmal versteigt er sich dabei. Die Lebendigkeit, die von solchem Hoffen geformt wird, zeichnet sich durch eine Unruhe aus, die erst der Tod beendet (Hi 14,1). Wie die Unruh im Uhrwerk hält sie das Leben in Gang. »Wo Leben ist, da ist auch Hoffnung« – sterbliche Hoffnung. Sie ist eine Unruhe, die sich produktiv auswirken kann, indem sie unerschlossene Möglichkeiten aufspürt, ihnen nachgeht und sie zu verwirklichen sucht. Sie kann aber auch lebensverzehrende Folgen haben, wenn sie maßlos wird oder wenn sie sich vor allem aus dem ständigen Unbehagen über »das Bestehende« nährt und ihre Kraft nur daraus schöpft.

Die im Harren auf Gott klagende, flehende und dankende Seele hofft, dorthin zu gelangen, wo Gott gepriesen wird: wo das Geheimnis seines Namens geehrt und wo gewürdigt wird, was er getan und in eins damit verheißen hat. Danach »begehrt« die Seele, »sehnt sich« der Geist (Jes 26,8-9). Solches Hoffen erhält durch die Geschichte Jesu Christi, der durch den Kreuzestod hindurch errettet wurde, und die Einkehr des Geistes Gottes, der Christus in unserer Zeit verherrlicht, sein *eschatologisches Gepräge*. Die Seele, der Gottes Geist neues Leben einhauchte, erhofft die Erfüllung dessen, was Gott verheißen und begonnen hat, ins Werk zu setzen. Die

Hoffnungen, die Menschen ins Unbestimmte hinein hegen, werden zu der Hoffnung gewendet, die Menschen zu sich zieht.

Von der Seele wird im Neuen Testament gerade dort kaum mehr gesprochen, wo zur Hoffnung als *res sperata* gerufen wird, die Gott den Seinen bereitet hat. Wenn Menschen in Gottes Geschichte mit ihnen hineingezogen werden, wenn ihr Leben mit Gott zum Leben bei Gott hingeführt wird, tragen sie alles mit sich, was sie exerziert, errichtet und zerstört, verletzt, versehrt haben: was Gottes schöpferischer Vergebung bedürftig ist. Doch wenn sie in ihr Sein »außer sich selbst und in Christus«[3] gewissermaßen hineinwachsen, hat eine selbstbefreiende Seelenarbeit keinen Raum mehr: weder die Erinnerungen, mit denen die Identität des Selbst aufgebaut werden könnte, noch eine Verarbeitung des Lebenslaufs samt seinen Verflechtungen mit den Geschicken anderer; noch die Erwartungen, mit denen die Seele sich in eine projektierte Zukunft hineinstreckt, in der sich ihre Sehnsüchte erfüllen sollen. In gelebter Hoffnung darf die Seele nicht mehr derart zur Sprache kommen, dass sie sich verselbstständigen könnte: etwa als unsterbliche Seele, mit der Unsterblichkeit als Eigenschaft, als angeborene Gewähr des Fortlebens.[4] An der Hoffnung, zu der die Seele bestimmt ist, scheitert jede Eigendynamik des Selbst. Nicht der Fortbestand der Seele ist garantiert, sondern Gott will derer gedenken, die er in seine Hände eingezeichnet hat (Jes 49,16). »Freut euch, dass eure Namen im Himmel geschrieben sind!« (Lk 10,20)

In einer frühchristlichen Elementarunterweisung wird Gott dafür gepriesen, dass er »uns wiedergeboren hat zu einer lebendigen Hoffnung« (1 Petr 1,3). »Lebendige Hoffnung« – ist das nicht eine Tautologie? An anderer Stelle übersetzt Luther ἐλπὶς ζῶσα gewagt, aber treffend: »die Hoffnung des Lebens«.[5] Das intensive Hoffen wird ausgerichtet auf das Hoffnungsgut, das unsere Hoffnungen in sich aufhebt. Gott hat diese Hoffnung selbst geschaffen und in seinem Handeln begründet, sie bleibt bei ihm verwahrt und will von uns wachsam erwartet werden (Gal 5,5; Eph 1,18; Kol 1,5.27).

Die Hoffnung der Seele ist das ewige Leben: uneingeschränkt bei Gott zu sein, mit ihm zu leben (1 Thess 4,17) – die knappste und zugleich alles umfassende biblische Formulierung dessen, was wir hoffen dürfen. »Ewig« heißt dieses Leben, weil es Gottes Lebenswirklichkeit ist, im Neuen Testament gleichbedeutend mit der »Königsherrschaft Gottes« (vgl. Mk 10,17.30; Lk 10,25; 18,18.30; 1 Kor 6,9-10; 15,50): wo Gottes Glanz alle und alles mit heilender Klarheit durchdringt, wo seine Gerechtigkeit unwidersprochen und uneingeschränkt waltet und seine Erlösung sich vollendet.

Gott bewahrt seine unvergängliche Lebenswirklichkeit für uns so, dass sie uns nicht entrissen werden kann – aber auch so, dass wir dieses Erbe nicht bereits antreten, auch nicht in unseren allzu menschlichen Gedanken und Vorstellungen. Als seinen Kindern wird uns jedoch ein Vorgeschmack dessen zuteil, was uns in unvorstellbarer Fülle erwartet: im

Empfang der schöpferischen Vergebung Gottes, im Aufscheinen seiner Klarheit in den Irrungen und Wirrungen menschlicher Lebensbewältigung, mit seiner Heilung verletzten, erlösungsbedürftigen Lebens. Mit diesem Vorschein seiner Herrlichkeit bewahrt Gott uns vor aller Bedrohung, die unser Hoffen entkräften und uns dazu verleiten könnte, das von Gott gesetzte Ziel aus den Augen zu verlieren. Darum schreibt der Apostel in seinem Segenswunsch den Gemeindegliedern in Thessalonich, »der Gott des Friedens« möge ihnen »Geist, Seele und Leib« – also sie ganz und gar – heiligen und so bewahren, dass sie »unversehrt und tadellos« seien, wenn Jesus Christus kommt (1 Thess 5,23). »Unversehrt« bedeutet nicht »ohne Risse und Narben«, sondern meint die ununterbrochen und uneingeschränkt in Christus bewahrten Herzen und Sinne (Phil 4,7).

Die hoffende Seele antwortet auf Gottes Zusage, er werde das von ihm geschaffene und errettete Leben auf den »Tag Christi« hin bewahren. Sie antwortet, indem sie Gott die Treue wahrt. Sie hält sich an seine Verheißung des neuen Lebens, des Friedens mit Gott, der Gottesgerechtigkeit und der Ruhe Gottes. So kann das Begehren, das der Seele innewohnt, von Habgier befreit, die Sucht der Sehnsucht dem Dank für Gottes Fürsorge weichen.

Darauf ausgerichtet, betete Heinrich Albert 1642 in seinem Morgenlied: »Hilf, daß ich mit diesem Morgen / geistlich auferstehen mag / und für meine Seele sorgen, / daß, wenn nun dein großer Tag / uns erscheint und dein Gericht, / ich davor erschrecke **77** nicht.« (EG 445.4) In der Endphase des Dreißigjährigen Krieges konnte die Sorge für die eigene Seele gewiss nicht einen Rückzug aus einer verwüsteten Umgebung in ein ungestörtes Wohlbefinden erreichen wollen. Der Betende fragt, ob er nicht erschrecken müsse, wenn sein gelebtes Leben vor Gott aufgedeckt wird: so, dass klar wird, wo und wie Gott an ihm und mit in ihm handelte und wie Christus ihm gegenwärtig war, etwa als Bedürftiger im bedürftigen Mitmenschen. Wie kann er dieser Begegnung, des Kommens Christi, gewärtig sein? Wie eine Antwort auf diese Fragen klingt ein Liedvers Christian Keimanns, einige Jahre später geschrieben: »Nicht nach Welt, nach Himmel nicht / meine Seel sich wünscht und sehnet, / Jesus wünscht sie und sein Licht, / der mich hat mit Gott versöhnet, / mich befreit vom Gericht; / meinen Jesus lass ich nicht.« (EG 402.5)

Die hoffende Seele prägt sich aus durch den Wortwechsel des inneren Menschen mit dem äußeren. Der innere Mensch bekennt seine Inkorporation in den Leib des gekreuzigten und auferstandenen Christus. Er bleibt nicht mehr sich selbst überlassen. Dem hat Gott endgültig ein Ende gesetzt. Mit Christus ist er gestorben, damit er »für Gott lebt«: »Es lebt nicht mehr Ich, es lebt in mir Christus« (Gal 2,19-20).[6] Weil er der Geschichte Christi, des Auferstandenen, angehört, hält er sich an die Verheißung der Auferstehung, »dass wir mit ihm leben werden« (Röm 6,8). Der äußere Mensch sieht sich von Christus darauf gewiesen, dass er dem Tod verfällt, indem er sich an sein Leben klammert: das Leben, das er sich aufgebaut hat, mit dem er sich selbst zu rechtfertigen versucht und das er nicht fahren lassen will.

Wenn jemand stirbt, verbleibt sein Leib nicht wie ein zerschlissener Anzug, den die Seele abgelegt hat. Die Seele als geprägte Lebendigkeit hofft, dass »ich« in Gottes Händen *bleibe,* dass »ich« von einer Hand Gottes in die andere übergehe. So ist mein einziges und einzigartiges Leben in seiner endlichen Lebendigkeit unendlich wertvoll. Diese Hoffnung *bleibt* wie der Glaube und die Liebe (1 Kor 13,13), denn Gott hat sie bereitet. Gott hat uns ja nicht »allein in diesem Leben«, dem vergänglichen, zu Hoffenden auf Christus geschaffen (1 Kor 15,19).[7] Unser Hoffen müsste jedoch mit dem Sterben enden, wenn es nicht derart verwandelt würde, dass es – wie unsere Lebendigkeit – eine neue Gestalt erhielte: das Bild des himmlischen Menschen (1 Kor 15,49), der mit »Unverweslichkeit«, mit »Unsterblichkeit« umkleidet ist (1 Kor 15,53). Was bleibt, muss verwandelt werden, damit es bei Gott und mit ihm leben kann.

Verwandelt werden: Paulus versucht, mit dem *Passivum divinum* die Strahlkraft Gottes zu umschreiben, die eine Gestalt für Gottes Herrlichkeit durchsichtig werden lässt. In die Unsterblichkeit hinein verwandelt wird die Leiblichkeit des Menschen (σῶμα), die der Verwesung anheimfällt und gerade so, aber nicht als solche, von Gott zu neuem Leben erweckt wird: von ihm, »der die Toten lebendig macht und das Nicht-Seiende ins Sein ruft« (Röm 4,17-18). Jenes Leben wird nicht gestaltlos sein. Die Gestalt der Auferstandenen wird mit einem Gewand bekleidet werden, das sie nicht sich selber gestrickt haben, geschweige denn, dass es ihnen zu einer Verkleidung würde, hinter der sie sich verstecken könnten. Die Metapher der Bekleidung soll also unterstreichen, wie unverhältnismäßig Gottes Verwandlung zu allem Werden und Vergehen ist.

Wenn die Seele von dieser Hoffnung auf Verwandlung geprägt wird, kann sie zu einer gelassenen Selbstreferenz finden. Nur wenn ich mich nicht mehr an meinem Ich festhalte, werde ich sterben können – nicht nur sterben müssen. Mag für die Lebenswelt, die der Seele vertraut geworden ist, gelten, dass es kein Ende, nur ein Weiterwerden gibt, wird die Seele ihre Hoffnung nicht darauf setzen und kein Fortleben nach der Devise »Weiter so – nur viel besser und schöner!« erhoffen wollen. Das ewige Leben ist ja kein »Leben nach dem Tode«, aber auch nicht ein Stimulans für die Optimierung eines »Lebens vor dem Tode«, sondern das zugesagte neue Leben aus Gott, das unser gelebtes Leben mit allen seinen Prägungen und Verwachsungen in sich aufhebt und so vollendet.

In Gottes Wirklichkeit hinein verwandelt werden bedeutet nicht: selber anders werden als zuvor oder von einen Zustand in einen anderen übergehen (und dabei völlig anders werden) – stets mit bestehender Identität. Verwandlung in Gottes Unsterblichkeit hinein ist undenkbar und unvorstellbar – und doch beginnt sie dort, »wo [...] und mit wem Gott spricht, sei es in Zorn, sei es in Gnade redet«, denn »der ist gewiß unsterblich. Die Person Gottes, die da redet, 80 und das Wort zeigen an, daß wir solche Geschöpfe sind, mit denen Gott sprechen will bis in Ewigkeit und unsterblich.«[8]

Die Seele als Resonanzkörper für Gottes Anrede, für seine Frage »Adam, wo bist du?«, erfährt ihre Endlichkeit vor Gott im *Gericht Gottes*, das keine Abrechnung des gelebten Lebens ist. Offenbar wird, wie Gott uns kennt und wer Gott ist, den wir erwarten. Darum geschieht im »Jüngsten Gericht« die Offenlegung der Seele auch in allen ihren geschöpflichen Beziehungen – eine befreiende Klarheit, kein kaltes Licht.

Wenn jemals, wird *dort* deutlich werden, warum wir so sind, wie wir sind, und wozu wir gelebt haben. Diese Fragen können eine Seele bemühen, doch sie sollte nicht versuchen, darauf zu antworten. Im Alter können sich Perspektiven und Wertungen verändern, langgehegte Erfahrungen des Selbst hinfällig werden, kann das Selbstbild abbröckeln. Die Leiblichkeit als Dasein in der Welt und zusammen mit anderen Geschöpfen wird allmählich zusammenschrumpfen. Was wir an uns und an anderen wahrnehmen, kann mehr und mehr rätselhaft werden. Wie mag unsere Wahrnehmung verwandelt werden? Unsere Erkenntnis vermag so vieles aufzunehmen und zu überschauen, aber noch nicht einmal dies und längst nicht alles zu erfassen. Wie könnten wir in eine Wirklichkeit vorausdenken oder sogar sie voraussehen, in der wir nicht mehr bleiben, wer wir waren? Und gerade dass es sich so verhält, soll zu unserer Hoffnung beitragen!

»Ich werde erkennen, wie ich erkannt bin« (1 Kor 13,12): Darin wird alles, was jemals als »meine Seele« kenntlich wurde, aufgehoben sein.

III.
Was gibt das Altern theologisch zu denken?

Niemals empfindet man eine wirksamere Hand Gottes über sich,
als wenn man die Jahre seines vergangenen Lebens überdenkt.

Martin Luther[1]

Welche Widerfahrnisse und Erfahrungen im vorgerückten Alter können theologisch bedacht werden? Welche Fragen und Fragen welcher Art stellen sich beim »Umgang« mit dem Altern, das ja mit *uns* »umgeht« – und wie! Vor allem, wenn die näherrückende Beendigung des Lebenslaufes als das Ende schlechthin erscheint, auch als Ende für unser Fragen. Dem theologisch nachzugehen heißt: was im Altern an uns und mit uns geschieht, wahrnehmen zu lernen im Verhältnis zu dem, was uns erwartet – und wer uns erwartet.

1. ALTER(N)SBILDER

Als letzte Lebensphase hat das Alter besonders viele
Gesichter. Menschliches Erleben wird verschieden-
artigen Eingriffen, ja, Einschlägen ausgesetzt, die
höchst unterschiedlich in Erfahrung gebracht werden. Das Altern kann überfallartig anschleichen, es
kann rasch seinem Ende zueilen oder sich quälend
lange hinziehen. Es kann sich durch Einschränkungen von Lebensmöglichkeiten bemerkbar machen,
die noch für längere Zeit ausgeglichen werden können und erst allmählich bedrängend anwachsen.
Auch Jüngere können mit Erkrankungen geschlagen
werden, die sie lebenslang behindern, oder sie sind
schon frühzeitig so nachhaltig erschöpft, dass sie
ihre Lebensweise einschränken müssen – wie Hochbetagte. Diese blicken aber auf Jahrzehnte gelebten
Lebens zurück, und wie sie es wahrnehmen und was
sie daraus ersehen, fließt in ihre Verzichtserfahrun-
gen im höheren Alter ein. Auch das Sterben kommt
für sie anders in den Blick als in der Jugend oder in
der Lebensmitte. Verkehrt wäre es jedoch, das Alter
nur vom nahen Tod her bedenken zu wollen. Ist er
denn nicht von ihm ebenso entfernt wie in früheren
Lebensphasen?
  Alternde teilen das Erleben schwindender Lebensenergie, fortschreitender physischer und geistiger
Erschöpfung, abnehmender Belastbarkeit und nach-
lassender Fähigkeit, sich notwendigen Veränderungen anzupassen. Die Abschiede häufen sich, geliebte

Menschen werden ihnen entrissen, Vertrautes entgleitet oder wird wie entbehrlich gewordener Ballast abgeworfen. Alternde bekommen immer dringlicher ihre *Begrenztheit* zu spüren: Sie erfahren ihre Kräfte, ihre Beweglichkeit, ihr Erinnerungsvermögen, ihre Erkenntnismöglichkeiten, ihre Umsicht und ihre Orientierung als eingeschränkt. Werden Hochbetagte, die umherirren, gefragt: »Suchen Sie etwas?«, dann lautet ihre Antwort manchmal: »Ich suche mich!« Sie wissen nicht nur nicht, wo sie sind, sondern auch nicht mehr, wer sie sind. Ein solches Schreckensbild des Alterns kann den Wunsch laut werden lassen: »Ich hoffe, dass ich sterbe, bevor ich alt werde!«[1]

Die Begrenztheit, die durch das Altern unabweisbar wird, steht heutzutage vielen Senioren zwar bei Altersgenossen vor Augen, doch den Zeitdruck ihres sich neigenden Lebens verspüren sie selber noch lange nicht, und sie empfinden sich wohl als älter geworden, aber gar nicht schon als alt. Denn sie können vieles Gewohnte beibehalten, es möglichst erweitern, und sie vermögen sogar, etwas neu zu beginnen und »durchzustarten«, wie manche gern sagen.[2] Wer sich in seinem Tatendurst eingeschränkt fühlt, kann ihn in andere Bahnen lenken, solange er geistig noch bei Kräften ist. In einer Sendung der Serie »Lebenszeit« des Deutschlandfunks am 2. August 2019 mit dem Titel »Glücksfall langes Leben« war fast nur von den »schönen Seiten des Älterwerdens« die Rede, und dazu scheinen besonders Fernreisen, Bildungserlebnisse und soziale Ehrenämter mit lohnenden Aufgaben zu zählen: werbewirksame Hochglanzbilder einer

Lebensgestaltung und *Horizonterweiterung* im höheren Alter. Bescheidenere Ratschläge für den Ruhestand als Glücksbringer empfehlen, körperlich und geistig beweglich zu bleiben, übergroße Erwartungen herunterzuschrauben, sich nach neuen Spielräumen in den eingeschränkten Wirkungskreisen umzusehen, im alltäglichen Nahbereich fürsorglich zu handeln, soziale Beziehungen aufzubauen, Geselligkeit zu pflegen, sich in prägende Erinnerungen zu vertiefen und sie weiterzugeben, alles in allem: mit dem eigenen Dasein im Großen und Ganzen zufrieden zu sein und damit auch das Risiko zu senken, an Demenz zu erkranken. Die Schattenseiten des Alterns werden als unvermeidlich in Kauf genommen, die Glückserlebnisse überwiegen.

Das verlockende Bild eines bis ins hohe Alter aktiven Lebens wird durch *steigende Lebenserwartung* bereichert, die allerdings sozial gestaffelt ist und von der zunehmenden Anzahl an Alterskrankheiten begleitet wird. Die Statistik ermittelt diese Aussicht, indem anhand von Sterbetafeln das durchschnittliche Lebensalter von Frauen und Männern in einer Bevölkerung aufgelistet und dessen jährliche Veränderung registriert werden. Mit »Lebenserwartung« ist die Lebensdauer gemeint, die mit stastistischer Wahrscheinlichkeit in Aussicht steht. Doch wie können wir für individuelles Leben ermitteln, wie viel Zeit ihm noch vor dem Tode verbleibt, und wie könnte eine solche rechnerische »Erwartung« für die Lebensführung einkalkuliert werden? Wer länger als berechnet

auf den Eintritt des Unvermeidlichen warten muss,

wird dies nicht immer begrüßen, aber sich sträuben, dies ungeschminkt zu sagen, auch wenn manche, die unerträglich leiden, dies so empfinden. Schon Hiob fragte: »Warum gibt [Gott] dem Leidenden Licht und Leben denen, die verbittert sind, die sich sehnen nach dem Tod, doch er kommt nicht ...?« (Hi 3,20-21)

Rasante medizinische Fortschritte, gute Gesundheitsversorgung und verbesserte Lebensbedingungen haben in vielen Regionen dazu beigetragen, dass in ihrer Bevölkerung während der letzten Jahrzehnte die Zahl derer, die ein höheres Alter erreichen als in früheren Generationen, stetig angewachsen ist – so sehr, dass die Altersforschung heute zwischen den »jungen Alten« (älter als 65 Jahre) und den Hochbetagten, den »Hochaltrigen« (ab 80-85 Jahren) unterscheidet. Gewichtiger als eine solche Aufteilung nach Lebensjahren ist, wie verschieden die Zeitspanne gelebt werden kann, die den alt Gewordenen zuteil wird, seien sie nun schon hochbetagt oder noch nicht. Soll jetzt endlich, nach der Devise »Träume leben – wann, wenn nicht jetzt?«, nachgeholt und ausgekostet werden, was vor dem Rentenalter nicht erreicht werden konnte oder versäumt wurde? Wäre es nicht höchste Zeit, einen neuen, sinnstiftenden »Lebensentwurf« anzufertigen, der ein möglichst erfreuliches Ergebnis des Lebens verspricht, eines Lebens, das zuvor vielleicht mehr schlecht als recht gelebt wurde? Oder wird nach dem 80. Geburtstag jeder Tag doppelt gezählt, weil er so kostbar ist?

Die skizzierten Alter(n)sbilder sind entweder von einer »einseitig negativen Verlustsicht auf das Altern«

bestimmt oder sie bevorzugen »die Gestaltungsperspektiven des Alters«.[3] In der Gerontologie, den Biowissenschaften, ihnen benachbart Psychologie und Soziologie, soweit sie sich dem Altern und seiner Bewältigung widmen, zeichnet sich die Tendenz ab, den leiblichen und geistigen Verfall, den das Altern unweigerlich mit sich bringt, durch Prävention und Rehabilitation aufzuhalten und abzumildern. Mediziner erforschen neue Therapien, Sozialwissenschaftler und Demographen beschäftigen sich mit Veränderungen der Bevölkerungsstruktur, Architekten entwerfen Modelle für ein altersgerechtes und Generationen übergreifendes Wohnen, Politiker befassen sich auf ihre Weise mit den Anforderungen ihrer alternden Wähler. Allerseits soll gezeigt werden, was im Alter noch geleistet werden kann und wie dies zu erreichen ist. Das Alter soll so erträglich wie möglich gestaltet, mehr noch: als abschließende Lebensleistung plausibel gemacht werden.

2. ALTERSGESTALTUNG

Vorausgesetzt wird dabei, dass wir uns auch noch für unser Altern Ziele setzen, die wir aus uns selber heraus verwirklichen können – und dass dies messbare Folgen hat: Menschen vermögen, etwas für ihr Leben in Bewegung zu setzen, auch wenn sie schwer erkranken, eine lebensgefährliche Operation nur mühsam überstanden haben, wenn sie gebrechlich werden oder durch Angst und Sorge gelähmt sind. Sie können auf Kräfte zurückgreifen, die geweckt werden wollen. Vielleicht muss ein neuer Zugang zu ihnen geschaffen werden, weil der Tunnelblick, den das Leid mit sich bringt, diese Kräfte nicht mehr wahrnimmt. Die Ressourcen dafür sind unzweifelhaft vorhanden, sie müssen nur aufgefunden werden – am besten gemeinschaftlich. Diese Grundvoraussetzung hat sich in die heutige Anschauung vom Menschsein so tief eingewurzelt, dass kein Zweifel daran akzeptiert wird, weil er an die Substanz dessen gehen würde, was vom Menschen und für den Menschen getan werden kann, auch und gerade für Alternde und von ihnen.

Kennworte für diese Gestaltung lauten: Selbstständigkeit, Selbstbestimmung, Selbstwirksamkeit. Vereint sind sie in der *Würde* des Menschen, die durch das Altern gefährdet wird und bewahrt werden muss, von den Alternden selbst und von allen, die mit ihnen zu tun haben.[1] Auch in Kirche und Theologie mehren sich Stimmen, die dafür eintreten, dass »die Selbstständigkeit [...] lange aufrechterhalten und die Würde des Alters besser gewahrt werden kann«[2].

Menschenwürde schließt Selbstbestimmung als Gegensatz zu Fremdbestimmung aller Art und als Grundlage der Subjektivität ein. Selbstständigkeit umfasst alles, was in eigener Verantwortung verarbeitet, gedacht und getan werden kann. Selbstwirksamkeit, ein ursprünglich psychologischer Begriff, meint die Fähigkeit, Hindernisse zu überwinden und Krisen zu meistern, auch wo Menschen sich selber im Wege stehen. Sie ist zum zentralen Begriff für die lösungsorientierte seelsorgerliche Beratung geworden.[3] Auch die seelische Widerstandskraft, die unter dem Namen »Resilienz« hoch im Kurs steht, gehört hierher.[4]

Selbstständigkeit, Selbstbestimmung und Selbstwirksamkeit ermöglichen, das Altern zu gestalten, wenigstens so weit, wie es noch nicht übermächtig geworden ist. Pflegeunternehmen werben mit dem Slogan »Selbstbestimmt altern«. Wer pflegebedürftig geworden ist, wird es zu schätzen wissen, wenn er noch in seinen gewohnten vier (oder mehr) Wänden leben darf. Selbstständigkeit bewahrt davor, nur noch nach Vorschrift versorgt zu werden. In kritischen Situationen sind Selbstwirksamkeit und Resilienz gefragt: wenn es darauf ankommt, Widrigkeiten auszuhalten und durchzustehen oder aber gegen sie aufzubegehren, ihnen sogar zu widerstehen, statt sich ihnen zu ergeben, sich gar aufzugeben und mutlos sich fallen zu lassen.

Bei der Gestaltung des Alters darf nicht ausgeblendet werden, dass das Altern erlitten wird. Es kommt über uns, sei es, dass es in der physischen Verfassung angelegt ist, der Lebensführung geschuldet ist und äußeren Einflüssen unterliegt, oder sei es, dass es wie ein Verhängnis erscheint, das über uns hereinbricht. Wer dies dem Walten eines »Schicksals« zuschreibt oder es »Geschick« nennt, will damit umschreiben, dass es ihn wie von außen her unerbittlich trifft. Er kann sich dessen nicht erwehren, muss es hinnehmen. Und doch schließen die Beschwernisse und Einschränkungen, die mit ihm einhergehen und die wir nicht anders als erleiden können, nicht aus, dass uns eine gewisse Selbstmächtigkeit verbleibt. Wir können uns zu unserem Altern so verhalten, dass wir uns wenigstens bemühen, nicht unweigerlich von ihm beherrscht zu werden. Das eigene Altern anzunehmen und, je nachdem, ihm immer wieder ein Quentchen mehr Lebensqualität abzugewinnen, ohne dem früher Erreichten nachzutrauern: Dies auszubalancieren sollte immer wieder von Neuem versucht werden.

Wird das Altern jedoch allein auf seine Gestaltungsmöglichkeiten hin angesehen, gerät es unweigerlich unter das Diktat der *Endlichkeit*, »Endlichkeit« im Sinne von »ein Ende haben, zu Ende gehen, unwiderruflich zu Ende sein«: Jedes Lebendige trägt sein Ende in sich, endgültig verfällt es der Vergänglichkeit. Es geht im evolutionären Gesamthaushalt unaufhörlichen Werdens und Vergehens auf und unter. Das Altern erscheint dann als längere oder kürzere Zeitstrecke bis zur Endstation menschlichen Daseins, bis zur grabesdunklen Wand, an der kein Weg vorbei und von der keiner zurückführt. Das *Lebensende* wird zum einzig möglichen perspektivischen Fluchtpunkt für jegliche Sicht des Alterns; die letzte Lebensphase läuft auf die unabwendbare, ultimative Begegnung mit der eigenen Endlichkeit zu. Auf dem Flyer einer Versicherungsgesellschaft wird geraten: »Jetzt schon die letzten Dinge regeln!«, und empfohlen wird der Abschluss einer Sterbegeld-Versicherung.

Für viele Zeitgenossen ist »Endlichkeit« zum suggestiven Inbegriff aller ihrer plausiblen Erkenntnis- und Redemöglichkeiten geworden: Endlichkeit reduziert auf die Zeitstrecke, die auf den Tod zuläuft. Wenn statt von »Endlichkeit« von »Vergänglichkeit« gesprochen wird, kann dies nachdenklich, ja, schwermütig stimmen, vor allem, wenn Vergänglichkeit beim Sterben anderer unverrückbar vor Augen tritt. Das Wissen um die eigene Vergänglichkeit soll aber zugleich Tatkraft für die verbleibende Zeit freisetzen und hindern, dem verfänglichen Gedanken an die eigene Vergänglichkeit nachzuhängen.

Endlichkeit, auf das Lebensende fixiert, bestimmt die Lebensführung und die Art und Weise, den Lebensweg zu gehen. Schicksalhaftes wird als natürlich hingenommen, Leid mehr oder minder klaglos durchgestanden. Auch Tugenden des Alters werden hier eingeordnet: sich maßvolle Ziele setzen, sich – wenn auch nicht immer freiwillig – bescheiden, loslassen, was wir nicht mehr festhalten können, bereit sein, Abschied zu nehmen, Lebenswichtiges und Entbehrliches schärfer zu unterscheiden als früher, wo der Arbeitsalltag und andere Verpflichtungen uns beanspruchten.

Wird die Gestaltung des Alterns dermaßen von handlungsbezogenen Gesichtspunkten beherrscht, gerät der letzte Lebensabschnitt zum abschließenden Vorhaben für das Projekt »Gelingendes, weil erfülltes, Leben«. Wie kann es erfolgreich ausgeführt werden? Oder droht es zu scheitern, wenn das Altern nicht gemeistert wird? Hier schleicht sich oft das Bestreben ein, einen umfassenden Sinnzusammenhang zu erstellen: Die Bewertung des Alters beansprucht die gesamte Lebenszeit, damit ihr »Sinn« nach dem beurteilt werden kann, was ein Mensch zu »machen« vermag und was er vollbringen muss, um den Anspruch an sein Dasein zu erfüllen, den eigenen Anspruch und den ihm von anderen entgegengebrachten. »Sinn« als Ziel oder Zweck einzelner Handlungen wird von der Frage nach dem »Sinn des Lebens«, eines als sinnvoll verstandenen, d.h. als akzeptabel bewerteten Daseins in Anspruch genommen.[5] Gerade bei der Wiederkehr von Erinnerungen, die im höheren Alter oft breiten Raum einnimmt und erhebliche geistige Kraft beansprucht, lassen sich viele Alternde vom Lockruf einer Frage nach Sinn betören, die mit »Sinngebung« und »Sinnstiftung« beantwortet werden soll. Dabei verlieren sie leicht aus dem Auge, was ihnen in ihrer Lebenswelt »sinnhaft« begegnete, d.h. als wahrnehmbar und orientierend. Dann werden Erinnerungen so zurechtgelegt, dass sie für die jetzige Lebensführung zu brauchen sind. So wird das Altwerden verklärt: etwa zur Chance für die Inventur des gelebten Lebens, oder als »Abenteuer« voller außergewöhnlicher Erlebnisse, etwa bei Begegnungen mit Alten und Jungen, auf Abschiedsreisen und beim allmählichen Sich-Loslösen von Gewohntem,[6] oder zur Herausforderung, die nach dem Motto »Altwerden ist nichts für Feiglinge« angenommen werden muss, am besten mit ironischer Distanz zu der immer schneller verinnenden Zeit und den schwindenden Kräften.[7]

Endlichkeit tut sich hier auf wie ein Raum, der vielfältig mit Lebensgestaltung ausgefüllt werden kann. Das Fixiertsein auf diese Möglichkeiten lenkt vom Tod ab – oder es führt zur Verdrängung des Todes. Beides machen sich unzählige Einrichtungen für Senioren zunutze, verbunden mit medizinischen Versorgungsangeboten, denen sich üppig wachsende Wirtschaftszweige verdanken, und einer Sozial- und Gesundheitspolitik, die versprechen, Alterslasten tragen zu helfen und Alternde zu beglücken, oft mit bedrückenden ökonomischen Folgen.[8] Zu bedenken, dass wir Menschen sterblich sind und für dieses Bedenken begleitet werden müssen, und zwar nicht erst beim Sterben, gerät ins Hintertreffen.

3. GESTALTET WERDEN

Angesichts all dessen, was für die Gestaltung des Alterns getan werden kann, gibt es theologisch zu denken, dass wir im Alter *gestaltet werden,* weil wir *von Gott geschaffen* wurden und weil er uns in seinen Händen hält. Von ihm gestaltet werden wir lebenslang, doch beim Altern geschieht es in einem besonderem Maße, das deutlichere Spuren hinterlässt als frühere Ausprägungen. Das Altern wird erlitten, auch in Altersleiden, die hingenommen werden müssen oder in Schranken gehalten werden können. Doch entscheidend erlitten wird das Altern als ein bestimmter Zug des Handelns Gottes: *Gottes Handeln ausgesetzt zu werden in der zunehmenden Begrenztheit unseres Lebens,* bereitet zu werden für eine Wirklichkeit, die zeit unseres Daseins auf Erden für uns unvorstellbar und nicht zu fassen ist, und für diese neue Gestaltwerdung bereit zu sein.

»HERR, lehre mich doch, dass es ein Ende mit mir haben muss, und mein Leben ein Ziel hat, und ich davon muss«, bittet der Psalmist (Ps 39,5 in Martin Luthers Übertragung, die Generationen bei ihrem Bedenken des Sterbens begleitet hat). Gemeint ist die *Bemessenheit unserer Lebenszeit:* »Lehre uns unsere Tage zählen« (Ps 90,12). Um dies zu lernen, müssen wir erkennen, dass unsere Tage gezählt sind. Wir sollen damit vertraut werden, dass wir nicht unbeschränkt leben. Damit müssen wir uns bescheiden, und diese

Bescheidenheit lässt sich im Alter wohl eher erlernen als in der Jugend, weil sie nun unabweisbar wird. Aber deshalb hilft das Altern auch, jeden einzelnen Tag, den Gott uns als Gabe und Aufgabe zumisst, dankbar anzunehmen und nicht einfach verstreichen zu lassen. Denn die Zeit, die von Gott geschenkt wird, ist endlich, weil wir hier ihm als unserem Schöpfer begegnen, der unser Leben begrenzt, indem er es umgreift und ihm dadurch Kontur und Gestalt gibt.

Gott hat die Summe unserer Tage als ein Ziel gesetzt, das wir nicht überschreiten können (Hi 14,5). Ziel jedes menschlichen Lebensweges ist das volle Maß der ihm von Gott zugeteilten Lebenszeit. Im Gebet wird diese Zeit mit all ihren unwiederbringlichen Momenten – auch in der Furcht, sie könne vorzeitig verkürzt werden (Ps 102,24; Jes 38,10) – vor Gott gebracht, und es wird von ihm erbeten, die dem Beter zugemessene Zeit so zu erschließen, dass er sie nicht versäumt oder sie vertut, weder durch Trägheit noch durch Betriebsamkeit. Bemessen ist auch die Lebenskraft, der Wirkungskreis, der Erwartungshorizont, ja, die geprägte Lebendigkeit des Menschen, seine Seele.

In dieser Bemessenheit ist beschlossen, dass der Mensch vergänglich ist – und dass Gott ihn wieder zu sich ruft:

Du hast (noch immer) den Menschen zum Staub
zurückkehren lassen,
und du hast (noch immer dabei) gesagt:
»Kehrt zurück, Menschenkinder!«

96   *(Ps 90,3)*[1]

Der Nachdruck dieses »doppelten Vorgangs«[2] liegt darauf, dass Gott am Menschen handelt: indem er ihn als Erdenwesen ganz und gar zu Staub werden lässt und indem er *zugleich* ihn, den er belebt hat, ebenfalls ganz und gar zu sich ruft. So lässt er den Menschen sterben – und dieses »lassen« besagt nicht, dass er es bloß zulässt, sozusagen stillschweigend und mit verschränkten Händen. Vielmehr würdigt er den Menschen, ihn zu sich zu nehmen. Der schwindet nicht nur dahin wie alle anderen Lebewesen, die ja auch zu Staub werden (Koh/Pred 3,20). Die Vergänglichkeit des Menschen wird durchsichtig für Gottes schöpferisches Handeln, das sogar noch die Grenze und das Maß des Lebens bestimmt.

Das zeitliche Dasein geht im Zuge des Handelns Gottes zu Ende: so zu Ende, dass das verdankte Leben nicht mit dem Sterben abgeschlossen wird. Denn Gottes Handeln am Menschen, den er geschaffen, behütet, erhalten und beständig erneuert hat, ist damit nicht am Ende. Er ist ja mit dem Menschen eine Geschichte eingegangen, hat eine Lebensgemeinschaft mit ihm begründet, die er nie aufgibt, auch wenn Menschen sich an ihr vergangen haben und sich von ihr davonstehlen. Dann wird ihre Zeit nur noch verrinnen. »Alle unsere Tage sind dahingegangen, dahingeschwunden durch deinen Grimm.« (Ps 90,7-9) Doch in diesem Gebet wird daran erinnert, dass Gott auch dann ruft: »Kehrt zurück!« und noch Zeit schenkt, seinem Ruf zu folgen – bis der Ruf »Kommt her zu mir!« so unwiderstehlich ergeht, dass die Lebendigkeit der Gerufenen eingefordert wird: Der Atem, den

Gott dem Menschengeschöpf eingegeben hat, kehrt zu Gott zurück (Koh/Pred 12,7) – nicht der Mensch oder das Wesentliche des Menschen, etwa seine vom Leib geschiedene »Seele«, kehrt von einer Wanderschaft in der Fremde in seine himmlische Heimat zurück. Das Bedenken des Sterbenmüssens, wie es im Alten Testament bezeugt ist, hält hier inne. Was es dann noch geben könnte, »nach dem Tode«, kann zum menschlichen Lebensweg nicht hinzugedacht werden. Dies gilt auch, ja gerade für die unvergleichliche Lebensgemeinschaft mit Gott.[3] Sie kommt in Jesus Christus, dem Auferstandenen, als Zusage unseres Lebens in Gott entgegen: denen, die Jesus Christus gleichgestaltet werden (vgl. Röm 8,29; Phil 3,21). Von ihm werden wir erwartet, und was er verheißt, will im Glauben erwartet werden.

Das Gebet um den unverstellten Blick auf Ziel und Ende des Lebens ist nicht für Alternde reserviert. Doch wenn sie beten, Gott möge sie doch lehren, ihr Sterben zu bedenken, werden sie zur Sprache bringen, wie sie in ihrem Altern in besonderer Weise Gottes Handeln ausgesetzt sind – seinem Handeln ausgeliefert und zugleich in ihm geborgen. In besonderer Weise *ausgeliefert*: Dazu mag gehören, dass ihnen die Befristung ihrer Lebenszeit auf den Leib rückt, weil sie gebrechlich werden. Nun kümmern sie sich nur noch um das Nächstliegende, oder sie verlieren sich in Erinnerungen, weil sie hoffen, dort etwas zu finden, an das sie sich halten können. Andere wollen noch mit letzter Kraft Vollendetes erzielen und stoßen unvermutet auf ihre Grenzen. Im Blick auf die verinnende Zeit treiben sie sich zur Eile an, obwohl sie langsamer gehen müssten, um nicht unstet und unsicher zu werden. Manche werden ihr Altern vor allem als Kette von Verlusten erleben, weil ihnen so vieles entzogen wird. Sie fühlen sich sozusagen nicht mehr vollständig.

Im Handeln Gottes *geborgen* sind Alternde, weil sie in der Geschichte, die er mit ihnen eingegangen ist, aufgehoben sind, auch mit allen Einbußen, die sich beim Altern einstellen, und mit allem, was ihnen entnommen und genommen wird. In besonderer Weise sind sie aufgehoben in dem, was Gott für sie vorgesehen hat. Gott will sie doch als seine Ebenbilder wiedererkennen, die er geschaffen, erhalten, bewahrt und erneuert hat! Was sie entbehren müssen, kann Dankbarkeit wecken für das, was sie empfangen hatten und immer noch empfangen. Jetzt wird ihnen zugemutet, sich Stück für Stück abzugeben – nicht aufzugeben! – und »schrittweise« das eigene Leben Gott zu »übereignen«[4].

4. GOTTES BEDÜRFTIG SEIN

Ihre Hinfälligkeit und Hilflosigkeit lässt Alternde gewahr werden, wie bedürftig sie sind und wie sehr auf andere angewiesen – und dies immer schon waren, auch als sie allmählich selbstständig wurden und sich auf die eigenen Kräfte verlassen konnten. Auf vielerlei Weise wurden sie gestützt und gehalten, auch wenn sie sich dessen nicht immer bewusst waren. Je weniger sie sich beim Altern über ihre Bedürftigkeit hinwegtäuschen können, desto mehr werden sie für ihre Selbsteinschätzung lernen, Fühler zu anderen auszustrecken, die bereit sind, ihnen beizustehen. Ihr Wille zur Selbstbehauptung darf nicht die Achtung und Dankbarkeit für diejenigen schmälern, die sie tragen und ertragen.

Die Bedürftigkeit Alternder gibt zu bedenken, wie wir *Gottes bedürftig* sind, bedürftig seiner Hilfe auch, aber grundlegend und unverhältnismäßig bedürfen wir Gottes selbst.

In Ps 71,9 ruft ein Beter Gott an, er möge ihn doch bis in sein Alter hinein nicht im Stich lassen, und mit dieser Bitte umfasst er sein ganzes Leben (Ps 71,18). Von Jugend an hat er auf Gott vertraut und seine Wundertaten gepriesen, deren Kunde ihm überliefert wurde und deren Rühmen ihn lebenslang getragen hat. Nun ist er alt und grau geworden, seine Kräfte schwinden. Seine Bedränger lauern darauf, dass er wehrlos allein gelassen wird (Ps 71,9-11). Dagegen kann er nichts anderes aufbieten als das gänzlich ungeschützte Bekenntnis: »Du bist meine Hoffnung, HERR, mein Vertrauen von Jugend an.« (Ps 71,5) Inständig wiederholt er seine Bitte: »Verlass mich nicht!« Gewähre mir, den Nachkommenden Deine Macht und Gerechtigkeit zu verkündigen. Denn dafür lebe ich, habe ich gelebt.

Der Alte klagt nicht darüber, zu vereinsamen; in der Familie und in der Sippe wurde wohl für ihn gesorgt, auch wenn manches zu wünschen übrig blieb. Auch was es bedeutet, in einer Schwachheitsphase allein sein zu müssen, trotz aller Fürsorge und mancher Möglichkeiten, mit anderen zu reden, weiß er wohl. Doch von Gott, auf den er sich seit seiner Kindheit verließ, allein gelassen zu werden, dermaßen verlassen, dass er »verworfen« wäre (Ps 71,9): Dies würde bedeuten, von Gottes Gnade abgeschnitten zu sein, von seiner beständigen gütigen Achtsamkeit in der Lebensgemeinschaft, der Gott sich verschworen hat. Dann könnte er Gott nicht mehr rühmen – und damit würde er die Sprache verlieren, die ihm erlaubte, zu Gott zu klagen, ihn zu bitten, ihm zu danken, ihn zu loben und ihn anderen kundzutun. »Verlass mich nicht, weil, ganz allein gelassen, ich nicht von Dir reden und Dich nicht preisen könnte.« Er wäre nicht mehr sprachfähig – jedenfalls nicht mehr in der Beziehung, die für sein Menschsein grundlegend ist: von Gott her und zu Gott hin zu reden.

In der Zuflucht zu Gottes Treue, die den Beter lebenslang getragen hat – auch ohne sein Wissen und gegen seinen Willen –, zeigt er sich Gottes bedürftig: vollkommen seiner bedürftig. »Gottes bedürfen ist des Menschen höchste Vollkommenheit« überschrieb Søren Kierkegaard eine seiner Erbaulichen Reden,[1] bezogen auf die Antwort Christi auf die Bitte des geplagten Paulus um greifbare Hilfe: »Lass dir an meiner Gnade genügen; denn meine Kraft vollendet sich in der Schwachheit.« (2 Kor 12,9)

Für die meisten Alternden verringert sich so vieles: die Körpergröße, die Strecken, die zurückgelegt werden können, die Zeitfenster, die nach den alltäglich notwendigen Verrichtungen und Übungen, nach regelmäßigen Arztbesuchen und Behandlungen verbleiben, die Spannweite ihres Interesses an komplexen Vorgängen und prognostizierten Entwicklungen, die sich jenseits ihres ebenfalls geschrumpften Erfahrungs- und Verantwortungsbereiches vollziehen. Herzbeklemmung und Atemnot engen viele auch psychisch ein. Die Räume, die Menschen schließlich noch einnehmen, leiblich und geistig, werden kleiner und kleiner.

Die Theologie hat keinen Ausgleich dafür anzubieten. Aber sie kann der Erstreckung des Handelns Gottes eingedenk sein: der unermesslichen Weite seiner Güte und Treue, der unübersteigbaren Höhe seiner Gerechtigkeit und der unauslotbaren Tiefe seines Richtens (Ps 36,6-7). Von den vier Dimensionen der Liebe Christi spricht Eph 3,14-21, um die Fülle zu umreißen, in der der Gekreuzigte, seinen Leib nach allen Seiten hin ausgestreckt,[2] Menschen miteinander vereint, die durch ihr Gottesverständnis oder andere tiefverwurzelte Unterschiede voneinander getrennt waren und zu Todfeinden wurden. Die in Christus verkörperte Liebe Gottes löst von der unabsehbaren Verstrickung in Sünde und Schuld. Sie führt in die rettende Weite, heraus aus den Tiefen der Angst, die in die Enge treibt, auch bei Alternden, die sich innerlich mit einer Schutzmauer umbaut haben. Sie überschreitet die Todesgrenze zu uns Menschen hin. Die Liebe Christi will nach allen Richtungen hin erkannt und vertraut werden, aber sie ist nicht zu fassen, auch dann nicht, wenn sie vermeintlich begriffen wird, weil sie die »Er-füllung« schlechthin ist. Die Fülle Gottes will das Menschenleben in seiner Begrenztheit durchdringen – und sie geht und führt darüber hinaus, unfassbar weit.

Die andrängende Begrenztheit als Kennzeichen des Alterns und die Bemessenheit der Lebenszeit, der Lebenskraft, des Wirkungskreises, des Erwartungshorizontes, der Lebendigkeit alternder Menschen seien im Folgenden an Alterserscheinungen verdeutlicht, zuerst an der Neigung, sich zu erzählen und die eigene Lebensgeschichte zu überblicken, zugespitzt auf die Frage: »Wie kenne ich mich wieder?«; sodann an einer verschärften Selbstbeurteilung mit den Fragen: »Was bin ich wert?« und »Wie kann ich bestehen?«

Wie verhalten sich diese Alterserscheinungen zu unserer Gottesbedürftigkeit?

5. ERINNERT WERDEN

Es wird erzählt, der Theologe Peter Brunner (1900-1981) sei gefragt worden, ob er nicht seine Lebenserinnerungen niederschreiben wolle. Nein, das könne er nicht, habe er erwidert, denn alles, was er erlebt, getan und unterlassen habe, sei im Buch des Lebens eingetragen, das im Jüngsten Gericht geöffnet werde – und davor habe er Angst.[1]

Warum? Ängstigte sich Peter Brunner, weil er Enthüllungen befürchtete? Dachte er, ihm werde ein Prozess gemacht, in dem auch manches aufgedeckt werden könnte, was er verschwiegen, unterdrückt, verschleiert oder verdrängt habe? Oder traute er, selbstkritisch wie er war, im fortgeschrittenen Alter seinem eigenen Gedächtnis nicht mehr so recht? Bedrängte ihn die mit dem Alter wachsende Erfahrung mit der Eigenmacht seiner Erinnerungen? Hatte er vielleicht – gerade als Theologe – Bedenken, dass in diese Erinnerungen Bewertungen einfließen könnten, zu denen er nicht berechtigt sein dürfte? Die Angst vor der Eröffnung einer Lebensgeschichte kann, wie jede Angst, auch zur Vorsicht mahnen, jedenfalls zur Vorsicht vor Redseligkeit und übersteigertem Selbstbewusstsein.

Ob Brunner an dergleichen dachte, bleibe dahingestellt. Ihn beunruhigte zutiefst, wie das, was bei Gott schon aufgezeichnet sein wird, sich zu dem verhält, was er, der Alternde, zu berichten vermag. Nicht nur: Wie kann ich, was ich »mein Leben« nenne, wahrhaft zur Kenntnis bringen, wenn auch nur auswahlweise und in Ausschnitten: mit seinen Tief- und Höhepunkten, seinen Bruchlinien und Wendungen, mit Episoden, die wirklich berichtenswert sind und nicht bloß der Selbstbespiegelung dienen? Auch nicht nur: Wie geschieht mir, wenn ich von allen Seiten angeschaut werde, so vollständig, wie ich es zeitlebens nie wahrnahm, auch dann nicht, wenn ich hätte berücksichtigen können, wie andere mich sahen? Nicht nur: Was sollte ich wissen und bedenken hinsichtlich aller Umstände, Einflüsse, Bedingungen, die ich eigentlich hätte in Betracht ziehen müssen, an denen ich durch mein Tun und Lassen mitgewirkt habe und die auf mich einwirkten? Sogar nicht nur: Wie sehr bin und bleibe ich mir selbst undurchschaubar in dem, was ich als »meine Lebensgeschichte« betrachte? Vor allem dies kann zur beklemmenden, ja, beängstigenden Frage werden. Beim Altern verschärft sie sich zusehends, vor allem durch die Rückblicke, die sich vermehrt einstellen.

»Meine Biographie wird schon geschrieben sein – was könnte ich da noch niederschreiben!« Was mag da auf mich zukommen! Wenn eine selbstverfasste Lebensbeschreibung viel dürftiger ausfällt als das, was im Himmel vollständig registriert wurde, wäre dies ja noch zu verschmerzen. Doch wird beides nicht auseinanderklaffen? Nicht bloß in Einzelheiten, die unterschiedlich beurteilt werden könnten, sondern ganz wesentlich! Könnte ich mich anders zu sehen bekommen, als ich mich zeitlebens gesehen habe? Muss diese Aussicht nicht in Angst und Schrecken versetzen?

Als Brunner die Anregung, seine Autobiographie zu schreiben, so brüsk abwies, lenkte er den Blick auf das, was ihn erwartete: *Gottes Eröffnung seiner dokumentierten Lebensgeschichte.* Er berief sich dabei auf das in Apk 20,12 (auch in Apk 3,5; 17,8; 20,15; 21,27) genannte »Buch des Lebens«, in dem er wohl den Eintrag seines vollständigen Lebenslaufes in aller seiner Vielschichtigkeit vermutete. Denn er kombinierte dieses Buch mit den dort ebenfalls erwähnten »Büchern«, in denen die »Werke« der Verstorbenen aufgezeichnet sind, nach denen sie von Gott gerichtet werden.

In Apk 20,11-15 wird vom Endgericht erzählt, nur andeutungsweise und stichwortartig, ohne weitere Erläuterungen.[2] Leuchtend abgehoben von den Schriften mit den »Werken« der Menschen wird »das andere Buch«, das »Buch des Lebens«: des Lebens mit Gott. In diesem Buch, wie es andernorts (Apk 3,5) heißt, sind unauslöschlich die Namen derer eingetragen, zu denen Christus sich vor Gott bekennt. Wird es geöffnet, empfangen die hier Genannten unvergängliches Leben.[3] Sie werden für immer bei Gott sein. Das Leben, das sie dank seiner Gnade mit ihm gelebt haben, wird vollendet.

In Gottes Verheißung des Lebens unmittelbar mit ihm und bei ihm: Dies ist die Botschaft nicht nur jenes Textabschnittes, sondern der gesamten Apokalypse des Johannes, eines Buches, das in verworrenen, dunklen Entscheidungszeiten diejenigen aufrichten, trösten und ihnen das Herz festigen will, ihnen, die trotz aller Bedrängnis und Anfechtung Gott treu bleiben, wenn auch nicht immer (wie die Sendschreiben an sieben Gemeinden in Apk 2 und 3 zeigen) in tadelloser Haltung.

»Freut euch, dass eure Namen im Himmel aufgeschrieben sind!«, rief Jesus denen zu, die er aussandte, damit sie Gottes Ernte einbrächten (Lk 10,20; vgl. Phil 4,3; Hebr 12,23). In den Namen, die Gott ruft – nicht nur aufruft –, sind die Gerufenen ganz und gar enthalten: mit ihrer Personalität, ihren Eigentümlichkeiten, ihrer Unverwechselbarkeit und ihrer Selbigkeit (Identität). So sind sie nicht nur in einem himmlischen Buch eingetragen. Gott hat sie bei sich selbst eingeschrieben, er hat sie unauslöschlich in seine Hände eingezeichnet, und so *erinnert er sie* (Jes 49,16).[4] Er erinnert sich nicht bloß an sie, indem er sie so im Gedächtnis behält, dass er sie dort wieder aufrufen und vergegenwärtigen kann. Er gedenkt ihrer nicht, indem er sich ihrer nur erinnerte, nein, er erinnert sie durch sein richtendes und rettendes Eingreifen. Indem er sie erinnert und sie nicht dem Vergessen überlässt, ruft er sie ins Leben: in die Lebensgemeinschaft, die er begründete, erhalten hat und vollenden will. Mit ihrem Namen gehören sie zur Geschichte, die Gott mit den Menschen eingegangen ist und die in persönlichen und gemeinschaftlichen Geschichten zur Sprache kommen kann[5] – in der begründeten Hoffnung, dass Gott seine Verheißung des Lebens vollends erfüllen wird. »Erfüllen« bedeutet nicht »liefern«, wie es im Jargon unserer Tage von Politikern gefordert wird, die ihre Versprechungen einlösen sollen. Gottes Erfüllung bringt die Fülle dessen ans Licht, was er zusagte, sich vorgenommen und zu tun vorbehalten hat. Die Namen derer, die Gott bei sich eingezeichnet hat, haften seit dem Kommen Jesu Christi an Geschichten des Lebens, das in ihm neugestaltet wird und durch seine Hingabe »für alle« im Glauben offensteht (Joh 11,25-26): »Euer Leben ist verborgen mit Christus in Gott. Wenn aber Christus, euer Leben, offenbar wird, dann werdet ihr auch offenbar werden mit ihm in Herrlichkeit.« (Kol 3,3-4)

Hebt nicht dieses Offenbar-Werden an, wenn das »Buch des Lebens« aufgeschlagen wird? Das mit Christus in Gott verborgene Leben wird strahlend klar und unbestreitbar deutlich, es wird zum Leuchten gebracht »in Herrlichkeit«: im Glanz (*dóxa*) der Wahrheit Gottes. Sie deckt nicht bloß etwas auf, das verhüllt war, oder enthüllt nur, was sich unserer Kenntnis bisher entzog. In Erscheinung tritt, dass und wie Christus »unser Leben« wurde. Wenn wir mit ihm offenbar werden, dann in gewandelter, ja, verklärter Gestalt. Lebensgeschichten werden erhellt im Zusammenhang der Geschichte Gottes, die er nun vollenden will.

Wie verhält sich mein einmaliges Leben zu dem, was als Leben bei Gott, als »ewiges Leben« auf mich zukommt? Das unwiederholbare einmalige Leben wird nicht einfach »fortgesetzt«, aber es wird durchsichtig für Gottes Gestaltung und daher auch unerschöpflich.

6. SICH ERINNERN

Wie verhalten sich »unsere Lebenserinnerungen«
zu diesem Erinnert-Werden? An Gottes Erinnern
können sie nicht gemessen werden. Vor allem nicht,
weil Gottes Erinnern schöpferisch ist, Leben erhält,
gestaltet und wandelt. Indem er eines Menschen gedenkt, nimmt er sich seiner an (Ps 8,5), er achtet auf
ihn, lässt sich auf ihn ein, sucht ihn auf, tritt ihm auf
seine ureigene Weise nahe, schafft ihm Klarheit für
die nächste Wegstrecke in einer zwielichtigen Welt,
stellt ihn sich selbst gegenüber und ruft ihn zu sich. In
Gottes Gedenken *bleibt* er der, den Gott gewollt hat,
so und nicht anders, als er geschaffen ist: zur Freiheit,
vor Gott und mit Gott zu leben.

Unsere Erinnerungen sammeln dagegen, was uns
orts- und zeitgebunden widerfahren ist, und sie er-
lauben uns, dies unter anderen Umständen wieder
aufzurufen und es erneut gleichsam Gestalt werden
zu lassen. Doch dann sehen wir es auch unter anderer
Beleuchtung und in anderem Zusammenhang.
  Im Alter erscheint der eigene Lebenslauf nahezu
als Ganzes überschaubar, und er wird erzählbar, indem Zusammenhänge hergestellt, Abläufe und ihre
Störungen einigermaßen erklärt, Lücken deutend
geschlossen werden. Unbewältigtes, Versäumtes,
nicht Vollbrachtes wird einzuordnen versucht und
damit geglättet und entschärft. Bedrückendes kann
verdrängt, nicht selten sogar vergessen werden, so

sehr, als wäre es nicht geschehen. Erinnerungen an beglückende Begebenheiten scheinen im Alter mehr Raum zu gewinnen als schmerzhaft Erlebtes, die Rückwendung zu jenen kann Kräfte wecken und helfen, Altersbeschwerden zu meistern. Doch mitunter bricht ein scheinbar entschwundenes Partikel der Vergangenheit wieder hervor, es bricht gleichsam aus der Anordnung des Gedächtnisses aus, längst Vergessenes macht sich ungefragt bemerkbar, oft verstörend. Alternde werden von der Erinnerung an frühere Episoden eingeholt und von ihnen nicht mehr losgelassen; das Gedächtnis kann sie mit Hervorgeholtem geradezu überschütten. Wir sind nicht Herr unseres Gedächtnisses, nicht einmal souveräne Verwalter unserer Erinnerungen. Das Gedächtnis hat ein unheimliches Eigenleben. Erinnerungen vermögen zu täuschen, sie können trügerisch sein, beeinflusst und gelenkt, sogar manipulativ erzeugt und gefälscht werden.

Wir hegen die naive Überzeugung, dass im Großen und Ganzen tatsächlich so gewesen ist, wessen wir uns erinnern und wie wir uns daran erinnern. Erinnerungen versprechen auch, uns zu uns selber zurückzuführen, so, wie wir gewesen sind, und zur Realität, die wir mit dem Erleben anderer geteilt haben. Darauf haben wir uns eingelassen und meinen, ganz gut damit zurechtzukommen und einander Spielräume zu gönnen. Doch wenn etwas geschieht, woran deutlich wird, dass Erinnerungen auseinandergehen – und zwar diametral auseinandergehen zwischen Menschen, die eine gemeinsame Geschichte haben –, scheint der Boden unter den Füßen wegzubrechen. Dann erhebt sich die Frage: »Wer bin ich überhaupt? Bin ich wirklich der gewesen, der ich glaube zu sein?« Eine bestürzende Erfahrung! Sie kann ein Stück weit bewältigt werden, wenn die gemeinsamen Wegstrecken nochmals angeschaut und gewürdigt werden, nicht, um abzurechnen oder Widerständiges auszublenden, sondern mit gespitzten Ohren aufeinander zu hören, damit Erinnerungslücken der Beteiligten geschlossen und Unstimmigkeiten berichtigt werden können. Doch auch dann bleiben Erinnerungs Segmente, die sich mit den Ausschnitten der Erinnerungen anderer nur überlappen können. Aber sie decken sich nicht immer. Das muss zu denken geben – und zu hoffen, dass die Perspektivität jedes Erinnerns aus anderer Sicht aufgehoben wird, ohne dass sie verschwinden müsste.

Sich zu erinnern oder von Erinnerungen überfallen zu werden – davon zu reden – sie niederzuschreiben: Dies sind Schritte, bei denen sich verändert, was erfasst werden soll. Wahrhaftig festzuhalten, »wie es wirklich gewesen ist und wer ich wirklich gewesen bin«, ist allenfalls annäherungsweise möglich, vor allem dann, wenn Undenkbares erlebt werden musste.

Wohl deswegen haben manche Überlebende des Holocaust wie Aharon Appelfeld (1932-2018)[1] und Louis Begley (geb. 1933)[2] sich ausdrücklich geweigert, ihre Lebenserinnerungen als Memoiren zu präsentieren. Nachdem sie Jahre in einer Atmosphäre der Lüge und Verstellung leben mussten, wählten sie lieber die Romanform, in die autobiographisch gefärbte

Passagen eingearbeitet wurden: in Geschichten, die als Fiktion entworfen und so gestaltet wurden, dass eine Botschaft übermittelt werden konnte. In der Enkelgeneration wird darauf geachtet, wie die Vorfahren ihre Erinnerungen »verarbeitet« haben, wie sie auf ihre Geschichten blickten und wie dieser Blick heute angesehen wird.[3]

Vorsicht ist geboten vor der auch wissenschaftlich gepflegten Meinung, wir könnten das Ganze eines Geschehenen rekonstruieren, wenn wir alle Entstehungsbedingungen und Begleiterscheinungen in Betracht zögen. Dies wäre eine reflektierende Distanz, die zur Klärung von Einzelheiten dienen kann, aber an einem Leben, wie es gelebt wurde, vorbeigeht und es durch eine Konstruktion ersetzt, die nichts Unerklärliches gelten lassen will. Ein solches Vorgehen erschwert die Verständigung von Alternden miteinander und zwischen den Generationen.

Im Alter wächst der Abstand zu dem, was erinnert wird. Es ist ein innerer, reflektierender Abstand, nicht nur die zeitlich messbare Distanz verflossener Zeit. Was geschah und was erlebt wurde, kann jetzt, eingeflochten in das inzwischen gelebte Leben, anders gewichtet oder zurechtgerückt werden. Diese Relativierung bedeutet nicht, sich distanzieren zu können. Aber das Verhältnis der Erinnerung, die vergegenwärtigen möchte, zum Erinnerten muss im Fluss bleiben und auf überraschende Einsichten gefasst sein. Sonst wird die Befugnis, über die Vergangenheit, die wir in uns tragen, zu befinden und darüber zu disponieren, zur versteiften Rechthaberei oder dient sogar der

Selbstrechtfertigung. Kann nicht auch diese Befugnis Schritt für Schritt abgegeben und Gott übereignet werden? Er will den Alternden ja, gerade im Zuge der Entfernung von ihrer Vergangenheit, seine Versöhnung der Welt in Christus (2 Kor 5,19) zuteilwerden lassen.

Der innere Abstand vermag eine heilsame Distanz zu schaffen, wenn Erlebnisse, die eine Existenz von Grund auf erschüttert haben, jetzt nicht mehr überwältigen müssen. Es können sich Erinnerungen an Bewahrungen und Tröstungen einstellen, die durch ständig beklagte Verlusterfahrungen nur überdeckt waren. Wenn aber quälende Erinnerungen aufgerührt werden, können sie Wunden wieder aufreißen. Oder das seelische Schmerzgedächtnis hat sich so sehr verselbstständigt, dass es gefühlte Schmerzen steigert und sie auch dann noch empfinden lässt, wenn sie keinen realen Anhalt mehr haben oder wenn das Leiden von anderen Ursachen herrührt. Ein schmerzhaft bohrendendes Gedächtnis kann pharmazeutisch gedämpft, vielleicht therapeutisch aufgeklärt werden. Ein zutiefst verwundetes Gedächtnis bedarf jedoch der Heilung, und sie hängt davon ab, worin ein Leben gegründet ist und woraufhin es gelebt wird.

Hier rühren wir an den neuralgischen Punkt des Sich-Erinnerns, der gerade im Alter spürbar wird: Wer bin »ich selbst«, der nicht nur etwas, sondern *sich seiner* erinnert? Was gewesen ist, mag unwiederbringlich dahin sein oder unabsehbar nachwirken, aber es ist kraft des Sich-Erinnerns mit meinem Selbst unauflöslich verwachsen. Die Zellen unseres Körpers haben sich ständig erneuert. Wir denken an frühere Empfindungen und einst Gedachtes, aber aus jetziger Perspektive und daher ohne Gewähr dafür, dass es dieselben Empfindungen und Gedanken sind. Sind wir selbst dieselben? Wollen und können wir uns daran festhalten, dass wir sind, wer wir sind und was wir sind, weil wir uns unser erinnern und darum »unser Leben erzählen« können?

Sollten wir diese Frage uneingeschränkt bejahen, werden erzählte Erinnerungen zu Bausteinen unserer Identität.[4] So gesehen, bildet sich unser Selbst ständig und fortlaufend durch die Arbeit an seinen Erinnerungen, begleitet und vorangetrieben durch unbewusstes Vergessen und unterminiert durch Vergessenwollen, durch Verdrängen. Das Selbst vermag sich auch umzubilden, womöglich mit Hilfe einer neuen Lesart für den bisherigen Lebenslauf, vielleicht gar, um sich »neu zu erfinden« – was diese Phrase auch immer bedeuten mag. Diese Erinnerungsarbeit krankt jedoch an dem fundamentalen Irrtum: »Ich habe mich gehabt.« Er trübt die heute hochgelobte Erinnerungskultur, die von vielen mit investigativem Eifer betrieben wird. Sie will nicht nur dem Vergessen schuldbelastender Geschehnisse wehren, sondern beansprucht auch, persönliche Erinnerungen mit dem »kollektiven Gedächtnis« in Einklang zu bringen. Für viele Alternde ist dies besonders bedrängend, wenn manches, was sie an ihrer Vergangenheit als unbestreitbar ansehen, in Zweifel gezogen wird: dadurch, dass die intellektuelle und politische Elite, die die Deutungshoheit über das kollektive Gedächtnis beansprucht, bestimmt, wessen eine Generation, ein Volk, eine Kultur sich maßgeblich erinnern muss, um ihre Gegenwart bewältigen zu können.

Alternde, die Begebenheiten aus ihrem Leben erzählen, mögen sich fragen, warum sie gerade diese Geschehnisse im Gedächtnis behalten haben und andere nicht. Soll diese Auslese vielleicht dazu dienen, sich ein möglichst eindrucksvolles und unvergängliches Bild von sich selber zu verschaffen? Womöglich sogar, sich an dieses Bild zu klammern? Und auch von anderen so festgehalten werden zu können? Wollen die Erzählenden Erinnerungszeichen hinterlassen, um ihrer Angst vor dem Vergessenwerden zu wehren? »Du sollst dir kein Bildnis machen«: dieses Gebot (Ex 20,4) gilt mit den nötigen Abänderungen auch für Selbstbilder – und darum auch für unsere Lebenserinnerungen.

Wie also kann bei solcher Fragilität und Anfälligkeit unserer Lebenserinnerungen Gottes Gedenken in ihnen zur Sprache kommen? Etwa, indem versucht wird, Gottes Handeln aus überwältigenden Geschehnissen zu ersehen, vielleicht aus Erlebnissen in Grenzsituationen oder an Höhe-, Tief- und Wendepunkten einer Lebenslinie?

Ein wirkungsmächtiges Musterbeispiel für ein solches Unterfangen sind die »Bekenntnisse« (Confessiones) des »Kirchenvaters« Augustin (354-430). Im mittleren Lebensalter beginnt er zu erzählen, wie Gott in seine jahrelange Wahrheitssuche eingegriffen hat. In innerer Zerrissenheit, zerrieben zwischen dem Ringen um das rechte Leben und dem angeeigneten

Lebensstil, hatte er sich vor sich verborgen. Aus diesem Versteck holte Gott ihn heraus, stellte ihn sich selbst vor Augen und konfrontierte ihn mit seinem Gesicht, wie es von Sünde gezeichnet war (Conf. VIII, 7.16). Diese dramatische Kehrtwende gab den Anstoß zur Frage nach dem Zusammenhang und der Einheit seiner Lebensgeschichte. Augustin ging der Frage nach, indem er sein Gedächtnis erkundete. In der zeitlichen Erstreckung der Erinnerung entdeckte er die Kontinuität der inneren Zeiterfahrung und ihre Dynamik: Das Gedächtnis zeichnet das Vergangene verlässlich auf, hält es hier fest, während es sonst vergehen würde; es sammelt verstreute Erinnerungen, ordnet sie einander zu und hält sie sozusagen auf Abruf bereit, damit sie vergegenwärtigt werden können, auch die Erinnerungen an Erinnertes. In seinem Gedächtnis findet Augustin die Erinnerung daran, wie Gott sich ihm kenntlich gemacht (Conf. X, 24.35) und ihn in sich, in Gott, gegründet hat. Mit Hilfe dieser Erinnerung will Augustin seine Lebensführung justieren. Doch je länger, desto mehr schwindet seine anfänglich optimistische Einschätzung der Folgen seiner Bekehrung und der Ziele, die er zu erreichen hoffte. Die bange Frage, ob er seiner Lebenswende gerecht geworden sei, drängt ihn immer wieder dazu, im Gedächtnis um die früheren Irrwege zu kreisen (Conf. IV, 1.1). Die »Bekenntnisse« werden zur Geschichte einer sorgenvollen, unablässig wiederholten Wendung zur Vergangenheit.[5]

Ein ganz anderer Ton wird in Ps 103,2-5 angeschlagen:

Lobe den Herrn, meine Seele,
und vergiss nicht, was er dir Gutes getan hat:
der dir alle deine Sünde vergibt
und heilet alle deine Gebrechen,
der dein Leben vom Verderben erlöst,
der dich krönet mit Gnade und Barmherzigkeit,
der deinen Mund fröhlich macht,
und du wieder jung wirst wie ein Adler.

Dieser Psalm kann als Danklied eines Beters gelesen werden, dem Gott seine Schuld vergeben, den er geheilt, aus Todesnot errettet und wieder belebt hat.[6] Der persönliche Dank geht über in das Gedenken an frühere Heilstaten Gottes an seinem Volk und umreißt umfassend Gottes Erbarmen, mit dem er seine Treue und Güte an Menschen erweist. Darum sei eine andere Lesart vorgeschlagen: Der Dank für das, was Gott für den Beter und an ihm getan hat, mündet ein in das überwältigende Erstaunen darüber, wie unvergleichlich Gott handelt – auch jetzt und künftig. Erinnerung wird zum Akt der Dankbarkeit für die einst und jetzt gewährte Zeit. Der Lobpreis spricht aus, was unverbrüchlich gilt und worauf Verlass ist. Und der Beter bedankt sich nicht bloß und lässt es dabei bewenden oder erinnert sich vielleicht später noch an seine eigene Dankbarkeit. Indem ein Mensch betend vor Gott tritt, spricht er ihn auf sein richtendes und rettendes Handeln an, und so preist er ihn als den, der er ist. Der Betende vertraut darauf, dass Gott ihn erinnert. Das Gedenken des Beters ist eingefasst und gehalten von Gottes Gedenken, wie es sein Leben durchwirkt: als sein vielfältig schöpferisches Handeln. Dabei darf nicht vergessen werden, dass Gott, der Retter, ein verborgener Gott ist (Jes 45,15): verborgen, weil sein Wirken oftmals befremdlich ist und dem widerstreitet, was wir für heilsam halten – und weil zumeist verborgen ist, woraufhin Gott handelt und uns zu sich zieht.

Gottes Handeln an uns, mit uns, durch uns und gegen uns kann niemals biographisch einheitlich abgebildet werden. Schon gar nicht in einer Erfolgsgeschichte, geglückt »mit Gottes Hilfe«, oder als glorioser Bericht über all das, »was Gott an mir getan hat«, oft mit dem verschwiegenen Zusatz »an anderen nicht«. Wohl auch nicht in einer öffentlichen Beichte, wie bei Augustin. In Lebenserinnerungen kann es allenfalls indirekt zur Sprache kommen: *wie* erzählt wird, was widerfuhr: autobiographisch verhalten, aber umso mehr beredt, wenn dabei auf Gottes beständige Treue, sein unwandelbares Erbarmen, seine bestürzende Macht und die Paradoxien seines Waltens verwiesen wird.

Wenn wir in unseren Lebenserinnerungen des Handelns Gottes gedenken, wie unbeholfen es auch sein mag, und damit auf sein Gedenken zu antworten versuchen, geschieht dies auf die Hoffnung hin, dass die Verborgenheit dieses Handelns aufgehoben werden wird. So können Lebenserinnerungen zu Geschichten eines hoffenden Gedenkens werden.

7. HOFFEND GEDENKEN

Glaubwürdig können wir von Gottes Wirken in unserem Leben erzählen, wenn wir davon reden, wie wir Gottes Handeln erlitten haben: in Anfechtung und Hoffnung, als Gabe oder als Verlust, in der Dramatik von Verfall und Neuanfang, wobei gerade diese Dramatik nicht zum Kriterium des Erzählens erhoben werden darf. Wo leuchtete im Nachhinein Gottes richtendes und rettendes Handeln auf, in seiner Vielschichtigkeit und Innenspannung – so charakterisiert und spezifiziert, wie etwa in Ps 103? Wo blieb es uns verschlossen? Beides in der Hoffnung, dass Gottes Handeln in unserem Leben hervortritt, wenn Gott uns vor sich rufen wird: so rufen, dass unser verborgenes Leben offenbar wird und wir uns klar werden! Widerfahrnisse des Alterns können uns darauf vorbereiten. Dann wird das Alter zu einer Zeitspanne, in der Gottes Handeln in spezifischer Weise bezeugt werden kann.

Die Verheißung, dass wir erinnert werden, gibt uns Hoffnung, dass Gott auch erinnert, was wir als Erinnerungen in uns tragen. Ihm gegenüber gibt es kein Recht auf Vergessenwerden, keine Löschung von Einträgen in einer Dokumentation unseres Lebens, die uns belasten, auch keine Flucht in das Verdrängen. Er allein vermag aber, ein ewiges Vergessen zu schenken, wenn er vergebend eine für uns untragbare Last, ja, uns selbst auf sich genommen hat, und er kann ein verwundetes Gedächtnis heilen.

So werden wir, wird unser Selbst hineingezogen in das Handeln Gottes, das verwandelnd vollendet – im Unterschied zu allem, was sich dauernd verändert und an dessen Veränderung wir uns ständig beteiligen. Gott vermag unseren Augen-Blick so zu wandeln, dass wir wahrnehmen, was kein Auge gesehen und kein Ohr gehört hat.

Alternde begegnen mit ihren Geschichten ihren Kindern und Enkeln vielleicht in einer aufrichtigeren Weise als früher. Vor allem, wenn sie hinter das, was sie empfangen haben, zurücktreten. Dann können sie dies weitergeben – auch den Segen, den sie empfangen haben.

In »Gilead«, einem Roman mit theologischer Substanz, zeichnet Marilynne Robinson das Bild eines alten Pfarrers.[1] Fast seine gesamte Lebenszeit hat er in Gilead verbracht, einer entlegenen Ortschaft in Iowa, im mittleren Westen der USA.[2] Früh hat er Frau und Kind verloren und betagt nochmals geheiratet, eine junge Frau, deren Herkunft er nicht kennt und die für ihn ein Geheimnis bleibt.[3] Ihre verhaltene Liebe ist für ihn ein unfassliches Wunder. Jetzt ist er herzkrank und fühlt sich dem Tode nahe. Für seinen siebenjährigen Sohn, den er nicht mehr aufwachsen sehen wird, schreibt er auf, was er ihm von seiner Familiengeschichte weitergeben möchte: konfliktgeladene Etappen der Geschichte dreier Generationen, ihre Verwicklung in den amerikanischen Bürgerkrieg, den Ersten Weltkrieg und die Weltwirtschaftskrise der 1920er-Jahre, durchsetzt mit tagebuchartigen **120** Notizen, in denen er sich mitteilt und festhält, was ihn jetzt beunruhigt, bekümmert und Trost fassen lässt. Oft hat er sich nachts in seine Kirche zum Gebet zurückgezogen. Gespräche mit seinem aufsässigen Patensohn über Glaubensfragen strandeten immer wieder an gegenseitigen Missverständnissen, und gegenüber der inneren Not des jungen Mannes fühlt er sich hilflos. Bei seiner »Selbsterforschung« hofft er, einen »Weg aus der Höhle der Selbstbespiegelungen« zu finden.[4] Weil im Alter das Selbstbild ins Wanken gerät und unbeständig wird, wächst das Bedürfnis, Rechenschaft abzulegen[5] – wird diese Rechenschaft ihn aber wieder festigen können? Jedenfalls hat sie ihn »wieder der Welt zurückgegeben«[6]. Seine Hoffnung wird durch das Staunen über das Wachsen seines Kindes gestärkt. Seine Aufzeichnungen hat er mit Todeserwartung begonnen, die jetzt der Bereitschaft weicht, verwandelt zu werden (1 Kor 15,51-52).

Es ist die fragmentarisch geschilderte Selbsterkundung eines Beters für seinen Nachkommen: nahezu das einzige Erbe, das er wird vergeben können. Er versucht auch, auf Fragen zu antworten, die sein kleiner Sohn ihm jetzt noch gar nicht stellen kann, die er ihm aber nahebringen möchte, indem er erzählt, wie sie sich ihm selbst gestellt haben. So freut er sich über die Schönheit der Schöpfung, die er bald verlassen muss. Wohl fragt er, was er vergessen wird, vergessen möchte oder vergessen muss. Werden im ewigen Leben alle Schmerzen vergessen sein? Würde damit nicht auch das Leid auf Erden entwertet? Er scheut sich auch nicht, daran zu denken, wie die andere Welt ausschauen könnte. Doch sogleich hält er inne: Es sind nur Träume, und das künftige Leben wird ein Erwachen aus Träumen sein.

Der amerikanische Theologe Stanley Hauerwas veröffentlichte vor einigen Jahren nicht nur seine Memoiren,[7] sondern gab auch im Gespräch Rechenschaft darüber, warum er sie geschrieben habe:[8] nicht als einen Lebenslauf, stilisiert als Erfolgsgeschichte des American Dream: »Vom Maurerkind zum berühmten Universitätsprofessor«, auch nicht als Werdegang, der über berufliche Positionen berichtet und Arbeitsschwerpunkte auflistet, vielleicht sogar ein Lebenswerk vorstellt, profiliert durch die Auseinandersetzung mit anderen Auffassungen. Hauerwas wollte vielmehr »eine Narrative der Hoffnung« schreiben.[9] Er nennt Markierungen, die er Begegnungen verdankte, durch die er aufgehalten wurde, einschneidende Erlebnisse, die ihn nötigten, innezuhalten. Sie ließen ihn fragen, was ihn von außen her ergriffen und festgehalten habe – von einem Außen, das nicht mit den Herausforderungen verwechselt werden darf, die ›von draußen‹, aus den Tagesgeschäften und Zeitläuften, auf ihn eindrangen.

Hauerwas will Rechenschaft darüber geben, wie seine Erzählstränge sich mit der Geschichte, die Gott mit Menschen eingegangen ist, berühren könnten. Denn in dieser Geschichte lebt die Kirche, in ihr wurde der Erzähler zum Christen und zum Theologen, der sich überrascht davon zeigt, Christ geblieben zu sein, wenn auch – wie er meint – nur ein halber, »aber es ist eine Hälfte, auf die es ankommt«[10]. Gott kam ihm nahe in seinem Beten und in der Fürbitte anderer, besonders bei langdauernden Belastungen, die über seine Kräfte gingen. »Dass eine [Lebens-]Geschichte erzählt werden kann, ist [...] ein Akt der Hoffnung«[11]: der Hoffnung darauf, dass ein Leben deutlich werden wird »im Blick auf eine Bedeutung, die jetzt noch nicht sichtbar ist«[12].

Die Hoffnung, dass ein solcher Blick gewährt werde, gehört zum Charakter des Glaubens »auf Hoffnung wider die Hoffnung« (Röm 4,18). Ein Narrativ dieser Hoffnung erzählt auch von Hoffnungen, die aufgegeben werden mussten: bei unheilbaren Krankheiten oder Wahnvorstellungen gegenüber, die sich eingenistet haben, oder, zumal beim Altern, wenn Begrenzungen unüberwindbar naherückten. Ein Narrativ der »Hoffnung wider die Hoffnung« kommt nicht ohne Brüche aus und wird manche Lücke lassen müssen. Wie bei harten Filmschnitten bleibt ausgespart, was zwischen den Sequenzen geschieht, die ins Bild gesetzt werden. Entscheidendes steht »zwischen den Zeilen«[13]: Es kann (noch) nicht erzählt werden.

8. DIESSEITS UND JENSEITS DER FRAGE »WIE KANN ICH BESTEHEN?«

Dem Alter wird zugeschrieben, die Summe gelebten Lebens zu bilden und zu ermöglichen, eine *Lebensbilanz* zu erstellen. Deshalb verstärkt sich bei vielen Alternden der Drang, abzurechnen: Gewinn und Verlust in ihrem Leben zu ermitteln, auch Bruchstücke und Fragmente einzubeziehen und in Rechnung zu stellen. Bei ihrer Inventur können sie entdecken, was sie vermissen müssen, können aber auch auf übersehene Kostbarkeiten stoßen. Es wäre zu wünschen, dass sie nicht nur der dunklen Stunden gedenken, sondern auch der strahlenden; Erinnertes weder rosig ausmalen noch schwarz färben; sich Unerledigtem und Verfehltem stellen und dies, wenn irgend möglich, noch bereinigen, es aber nicht immer wieder vor sich her wälzen und sich mit der Erinnerung daran abquälen; Verletzungen, die nur vernarbten und nie verheilt sind, nicht wieder aufreißen.

Das eigene Leben so zu erfassen, dass es bilanziert und sein Wert eingeschätzt werden kann: Dies bedeutet auch, mit sich selbst abzurechnen, ohne schon mit seinem Leben abzuschließen. Dafür ist es nötig, *mit sich ins Reine zu kommen*, stimmig zu werden mit sich selbst, und so die Frage »Wie kann ich bestehen?« auszuhalten. Dies wirkt sich – wie die Einschätzung der Lebensbilanz – auch auf die Wahrnehmung der Identität aus. Frage ich mich rückhaltlos nach dem

Wesentlichen meiner selbst, kann das Bedürfnis nach Bestätigung und Anerkennung zurücktreten. Jenes Bedürfnis mag Alternde in früheren Jahren veranlasst haben, sich darzustellen und darauf zu achten – oft auch achten zu müssen –, wie sie von anderen gesehen und bewertet wurden. Deswegen verglichen sie sich auch so häufig mit anderen, ihrem Ansehen, ihren Lebensumständen und ihrem Geschick. Jetzt, aus der Distanz zum Berufsleben und den damit verbundenen sozialen Beziehungen, können sie auf solche Vergleiche eher verzichten, vielleicht, wenn ihnen deutlich wird, dass das Vergleichen die wunderbare Einzigartigkeit eines Menschen auf wenige Merkmale verkürzt.

Im Alter kann *immer weniger im Aufschub gelebt* werden: so gelebt, dass vieles noch nicht endgültig getan und vollzogen werden muss, weil das eigentliche Leben noch aussteht und das, was bisher erreicht war, nur vorläufig ist. Für ein Leben im Aufschub steht leuchtend die Fülle des Möglichen vor Augen. Wie viel steht offen, wie vieles ist noch unentschieden, verspricht Neues! Könnte, was erst noch zu verwirklichen ist, nicht weit besser sein als das bisher Erzielte? Ich selber bin ja noch »im Werden«! Der Spielraum dafür schmilzt jedoch im Ruhestand, im Rentnerdasein unaufhaltsam zusammen. Wer sich bisher daran messen konnte, was er beruflich, in der Familie und bei weiteren Engagements leistete, vermag immer weniger dafür aufzubieten. So verdichtet sich die Frage: »Was bin ich wert?« und gewinnt Gewicht für die Gegenwart.

Eine 90 Jahre alte Seniorin, die bis vor Kurzem noch in der Familie tätig sein konnte, stellt auf einmal fest: »Ich werde nicht mehr gebraucht.« Wie ein Aufatmen: »Ich habe genug getan, brauche nichts mehr bewirken. Jetzt kann ich ruhig aufhören.« Andere seufzen: »Ich werde nicht mehr gebraucht, weil mein Können nicht mehr zählt«, und sie sagen dies aus tiefer Resignation: Das Verfallsdatum meines tätigen Lebens ist erreicht, viel früher, als es mir lieb und teuer war.

Die *Logik der Wertschätzung* kann auch noch die letzte Lebensphase beherrschen: »Was bin ich wert – und warum?« Was leistet man damit, dass man nur noch weiterlebt – so viel es kostet, trotz aller Altersbeschwerden zu leben? So greift die Logik der Wertschätzung auch nach der Identität und hält sie fest.

Wächst die Distanz zur vergehenden Zeit, entsteht für Alternde ein anderes *Gespür für Ferne und Nähe,* als sie es in der Einstellung zu Räumen und Zeiten gewohnt waren. Nicht erst im Rollstuhl ändert sich der Blick, auch auf die Vergangenheit. Wie schon erwähnt, rückt Alternden vieles fern, weil sie ihre Habseligkeiten notgedrungen vermindern müssen, vieles wird bedeutungslos und entbehrlich, kann entsorgt werden. Dafür tritt anderes näher und wird unverzichtbar. Auch Nähe und Ferne zu anderen Menschen, Fremdheit und Vertrautheit, werden oft anders empfunden als früher. Im Alter möchten manche möglichst viele andere Menschen umarmen, und sei es nur gedanklich, ideell; andere grenzen sich scharf ab oder sie fühlen sich ausgegrenzt.

Alternde möchten nicht nur mit sich ins Reine kommen, sondern auch mit denen, die für sie im Laufe ihres Lebens eine besondere Bedeutung erlangt haben, im Reinen sein – soweit es noch möglich ist. Auch dadurch wird ein Lebensrückblick veranlasst. Kann noch Verzeihung erbeten und gewährt werden? Ist sogar Versöhnung für die Zeitspanne, die noch verbleibt, zu erreichen und Frieden zu finden? Womöglich haben sich die Konfliktursachen längst verflüchtigt! Doch für vieles ist es zu spät, weil der Tod einen Schluss-Strich gezogen hat. Und manchmal stellt sich heraus, dass Versöhnung nicht gelingen kann, auch wenn die Menschen noch leben, auf die jetzt mit ausgestreckter Hand zugegangen wird. Es gehört zu den Zumutungen des Alterns, Unwiderrufliches anzunehmen.

Die Fragen »Was bin ich wert?«, »Wie kann ich bestehen?« und »Was bleibt von mir?« sind individuell unterschiedlich ausgeprägt, abhängig von der eigenen Veranlagung, von vielem Erlebten und seinen Umständen, von der jetzigen Gemütsverfassung. Viele Alternde tragen diese Fragen mit sich herum und ziehen sie vor das Forum des eigenen Gewissens, wo sie über sich selbst zu Gericht sitzen, sich zur Rechenschaft ziehen und sich selbst beurteilen, anerkennen oder verwerfen. Es sind Fragen, die im Grunde darauf hinauslaufen, *ein erfülltes Leben* vorzuweisen, weil selbstgesteckte Aufgaben und Ziele erreicht worden sind – so, wie es auch in Todesanzeigen und Nachrufen gepriesen wird. Können wir aber die Frage, ob und wie ein Leben erfüllt sei, überhaupt beantworten?

Und wenn wir sie beantworten – können wir damit zur Ruhe kommen, oder wird sie uns nicht immer wieder beunruhigen und umtreiben?

Hier stößt die Logik der Wertschätzung an ihre Grenze.

Stattdessen kann sich Alternden bei ihrem Lebensrückblick die Frage stellen, ob *Weisheit* ihre Entscheidungen und Gewohnheiten leitete oder ob sie sich von Torheit verleiten ließen. Folgen wir der biblischen Semantik, bedeutet »Weisheit«, sich in der Lebenswirklichkeit aufzuhalten, die Gott seinen Geschöpfen eingerichtet hat: so, dass sie zwischen dem unterscheiden können, was er ihnen unverrückbar vorgegeben hat und ihnen dadurch immer wieder von Neuem ermöglicht – und dem, was ihnen zu tun und zu lassen zukommt, im Zeitrhythmus und in den Lebensräumen, die ihnen eingeräumt werden. Weisheit *versteht*, was dankenswerter Weise nicht zu ändern ist, weil Gott es uns zuteilwerden lässt, im Unterschied zu dem, was Menschen ändern können und gegebenenfalls ändern sollten, ohne ihre Grenzen zu überschreiten – was töricht wäre.

Diese Weisheit ist nicht dem Seniorenalter vorbehalten. Hochbetagte werden aber oft als besonders weise angesehen – und manche von ihnen mögen sich selbst auch so einschätzen –, weil sie im Laufe ihres Lebens viele Erfahrungen angesammelt haben. Je umfangreicher ihr Erfahrungsschatz geworden und je mehr ihre Urteilskraft im höheren Alter gereift sei, desto leichter und besser könnten sie Entscheidungen treffen und deren Folgen überblicken. Diese

»Altersweisheit« wird gemeinhin als ein Repertoire verstanden, das für nahezu jeden Fall eine Auskunft bereithält, die Erfolg verspricht. Doch gehört es nicht zur Weisheit, die Grenzen dessen zu kennen, was wir verstehen können und bedenken müssen?

Im biblischen Verständnis der Weisheit erscheint diese in ihrer heilvollen Begrenzung durch Gottes Handeln. Kein Mensch kann und muss Anfang und Ende des Werkes Gottes erfassen, ergründen oder seinen Zusammenhang überblicken (Koh/Pred 3,11), auch Gottes schöpferische Aktivität nicht, mit der er die von uns versäumten, vergeudeten, uns entschwundenen Möglichkeiten wieder »hervorholt« und von Neuem gewährt (Koh/Pred 3,15).[1] Weisheit, die von Gott erbeten werden will, versteht, diese Begrenztheit mit wachsender Erfahrung zu erkennen, zumal beim Altern neue Erfahrungen mit Begrenztheit hinzukommen, auf die wir nicht vorbereitet sind, auch nicht mit dem denkbar größten Reservoir an Erfahrungen.

Weisheit kann zu einer *Gelassenheit* führen, die sich Gott anvertraut und »in Gott gelassen ist«. »Gelassen« hat die deutsche Mystik als »gottergeben« verstanden; diese Bedeutung wurde im Pietismus des 18. Jahrhunderts durch »ruhig (im Gemüt)« ergänzt und schließlich ersetzt.[2] Wer mit Gemütsruhe und besonnener Haltung, abseits geschäftiger Unruhe und ständig wechselnden Eindrücken, auf sein Leben zurückblickt und es überdenkt, kann sich an Erfahrungen halten, die sich bewährt haben, und an Gewohnheiten, die sich als tragfähig erwiesen, weil sie im Einklang mit alltäglichen Erfordernissen standen.[3]

Doch um das eigene Leben daraufhin zu betrachten, was es wirklich getragen hat und was ungewiss und offengeblieben ist, bedarf es der Gelassenheit, die das Leben in Gottes Hand weiß. So können wir in aller Gelassenheit wahrnehmen, was uns in unserem Leben »unverdient« geschah, können entdecken, was uns zugefallen ist, was wir gar nicht fassen und für das wir »nur« dankbar sein können. Es hat sich gefügt – wie, wissen wir nicht. Was wir als Brüche und vielleicht sogar als lebensgeschichtliche Katastrophen ansehen, bleibt so aufgehoben in Gottes Geschichte mit uns und darf in einem anderen, versöhnenden Lichte gesehen werden.

Die Dankbarkeit für das, was sich gefügt hat, lässt die Frage »Wie kann ich bestehen?« verstummen. Gott hat sie beantwortet, indem er menschliche Selbstrechtfertigung durchkreuzte: Er nimmt Menschen in die Gemeinschaft des Lebens mit ihm auf, indem er ihnen *seine* Gerechtigkeit, eine fremde Gerechtigkeit *(iustitia aliena)*, entgegenbringt. »Fremd« ist diese Gerechtigkeit, weil sie nicht eine unserer natürlichen oder erworbenen Eigenschaften ist. Gott spricht sie uns zu und lässt sie an uns wirken, indem er uns in die Geschichte Jesu Christi, seines Kreuzestodes und seiner Auferweckung, einbezieht. »Ist jemand in Christus, so ist er eine Neuschöpfung; das Alte ist vergangen, siehe, Neues ist geworden« (2 Kor 5,17). In Christus neu geschaffen zu werden: Dies »reißt uns von uns selbst los und stellt uns außer uns, so dass wir uns nicht auf unsere Kräfte, unser Gewissen, unsere Wahrnehmung, unseren Charakter und auf unsere Werke, sondern auf das verlassen, was außer uns ist, das heißt: auf die Verheißung und die Wahrheit Gottes, die nicht trügen können.«[4]

Im Glauben leben wir »außer uns und in Christus«[5] – in Jesus Christus, der vor Gott für uns eintritt und in dem Gottes barmherziges Angesicht uns ansieht. Blicken wir auf ihn, werden wir von unserer Selbstverkrümmung befreit, werden losgerissen von allem, worauf wir uns verlassen, wodurch wir uns aufgebaut und worin wir uns eingeigelt haben. »Es lebt nicht mehr Ich, es lebt in mir Christus« (Gal 2,20)[6]: der Rettungsanker unserer Identität, gehalten von der Treue Gottes – jenseits der Frage »Wie kann ich bestehen?«

Die Befreiung des Menschen zur Gerechtigkeit Gottes als Zusage der neuen Schöpfung ist Inhalt der *Rechtfertigungslehre*. Sie vermag, Alternde besonders dringlich und befreiend anzusprechen, vor allem, wenn diese mit Abschlussarbeiten und mit der Sorge um ein erfülltes Leben beschäftigt sind. Das Alter ist eine Bewährungsprobe für die Rechtfertigungslehre, weil sie uns von der Frage »Wie kann ich bestehen?« losreißt. Jenseits dieser Frage wird der Bitte des Psalmisten: »HERR, lehre uns bedenken, dass wir sterben müssen, auf dass wir klug werden« (Ps 90,12), d.h. ein weises Herz einbringen, hinzuzufügen sein: »HERR, lass uns deutlich werden, wie wir mitten drin sind, neu geschaffen zu werden, und lehre uns, wie wir für unser Sterben bereitet werden im Vertrauen darauf, dass die Todesangst der Hoffnung auf Auferstehung weicht, die von Jesus Christus Tag für Tag erneuert wird.« Dass beides keine bloße Belehrung ist, steht außer Frage. Gott lehrt uns, indem er uns dafür öffnet, sein Handeln anzunehmen und uns dem zu stellen, was er für uns vorgesehen hat.

Leider ist die Rechtfertigungslehre populärkirchlich weithin zu der Versicherung verkümmert: »Gott nimmt dich an, wie du bist, weil du ihm lieb und wert bist. Denn Gott liebt alle Menschen.« Eine Halbwahrheit, die Hälfte der Lehre, und zwar die schlechtere. Denn so sehr »hat Gott die Welt geliebt, dass er seinen eingeborenen (einzigen, einziggezeugten) Sohn gab, auf dass alle, die an ihn glauben, nicht verloren werden, sondern das ewige Leben haben« (Joh 3,16).

Gott hat mich geschaffen, ins Leben gerufen – im Sterben mit Christus und in der Hoffnung, mit ihm zu leben, bin ich neu geschaffen, ist meine Existenz im Werden einer unvergleichlich neuen Gestalt. Der Spruch »Das Alte ist vergangen, siehe, Neues ist geworden« (2 Kor 5,17) erhält für Alternde eine besondere Zuspitzung. »Das Alte ist vergangen«: Unsere Vergangenheit wird uns so gegenübergestellt, dass sie nicht mehr nach uns greifen kann. »Neues ist geworden«: Gott nimmt sich meiner an; was ich nun einmal geworden bin, was ich aus mir gemacht habe, wird durchdrungen von dem, was Gott mir zugesprochen hat. Indem Gott »Altes« und »Neues« unterscheidet, indem er meine Vergangenheit und seine Verheißung voneinander scheidet, steht er zu mir als seinem Ebenbild, ohne zu billigen oder zu beschönigen, was ich getrübt, verzerrt oder gar zerstört habe. Nichts »kann uns scheiden von der Liebe Gottes« (Röm 8,39). Nicht einmal wir selbst. Gott nimmt sich meiner an, um mich von Grund auf zu erneuern, und er wird sich in mir wiedererkennen. Denn nichts anderes heißt es, zu seinem Ebenbild geschaffen zu sein.

Erneuern: Wie mögen Alternde dies hören, die erleben müssen, dass sie nur noch repariert und therapiert werden, um ihren Verfall noch ein wenig aufzuhalten? Was für jedes Lebensalter gilt – dass Gott uns zu seinem Bilde erneuert –, wird im Alter zu einer besonderen Herausforderung. Denn es lässt sich nicht mehr verwechseln mit Resilienz und Selbsterneuerung.

Der Apostel Paulus leitet uns auf die richtige Spur, wenn er schreibt: »Darum werden wir nicht müde: sondern wenn auch unser äußerer Mensch verfällt, so wird doch der innere von Tag zu Tag erneuert« (2 Kor 4,16). Der äußere Mensch ist der Mensch in seiner Hinfälligkeit. Ebenso unteilbar wie der äußere Mensch ist der innere, der von Gottes belebendem Geist erfüllt wird. Gott lässt den inneren Menschen neu werden – der äußere vergeht, nicht nur weil er vergänglich ist, sondern weil sein altes Leben vergangen ist: »ein simultanes Werden und Vergehen im Zeichen der neuen Schöpfung«[7]. Wir werden uns los – und *zugleich* erhält Gott unser »verborgenes Leben mit Christus« (Kol 3,3) lebendig, jeden Tag aufs Neue. Wir empfangen ein neues Leben, indem wir uns lassen – in die Hand Gottes, der das Werk seiner Hände nicht fahren lässt (vgl. Ps 138,8).

Paulus schrieb dies, als er um seine apostolische Autorität kämpfte, die in Korinth angezweifelt wurde, wahrscheinlich deshalb, weil er keine begeisternden Kraftakte aufzubieten hatte. Er sprach nicht aus der Erfahrung eines hochbetagten Greises, der sich mit seinem unaufhaltsamen Altern hätte befassen wollen und auf Energiereserven zurückgriff. Sein Auftrag war es, Gott zu bezeugen, der für unsere Erlösung verborgen am Werk ist, »schöpferisch tätig«, auf unergründliche, unfassbare, manchmal paradoxe Weise und oft gegen unsere Erwartungen. Auch bei Altersbeschwerden, die zu einer andauernden Erschöpfung führen können, zu einer lähmenden Müdigkeit, die jede Hoffnung auf Belebung in Mitleidenschaft zieht. Auch und gerade dann gilt: Wir werden nicht müde, weil wir unsere Auferstehung erhoffen, die durch Jesus Christus, den Kommenden, verbürgt ist (2 Kor 4,14), und diese Hoffnung trauert dem vergehenden Menschen nicht nach, sondern nimmt dessen Vergänglichkeit an. Sie will von Menschen, die sich loswerden, ausstrahlen und Gott verherrlichen, indem an Sterbenden kund wird: »siehe, wir leben« (2 Kor 6,9), und darin ist der Dank für einen jeden neu geschenkten Tag eingeschlossen.

Von Gott gerechtfertigt werden heißt: sich in Christus finden, in die Geschichte des Gekreuzigten und Auferstandenen aufgenommen werden. Wer in die Geschichte Jesu Christi hineinwächst, wird sich

an die Verheißungen der Gerechtigkeit, der Wahrheit, des Friedens, der Erkenntnis und des Lebens halten, wie sie durch das Kommen Jesu Christi bekräftigt worden sind, und ihrer Spur folgen – befreit von Selbstrechtfertigung oder Selbstverwerfung, mit denen Menschen sich selbst das Leben zusprechen oder absprechen wollen.

Gottes Rechtfertigung widerstreitet jeder Selbstverurteilung. Eine Selbstprüfung, kritisches Nachdenken über Ursachen und Wirkungen meines Denkens und Handelns, ist dadurch keineswegs ausgeschlossen. Es schmälert aber nicht das Vertrauen darauf, dass Gott mich sieht, mich kennt und sich meiner annimmt – gerade angesichts bedrückender Vorkommnisse, denen ich im Rückblick noch weniger gewachsen bin als früher. Und ein »Zu spät!« unserer Bemühung um Versöhnung mit Menschen, die verstorben sind, kann aufgehoben werden, wenn Gott gebeten wird: »Vergib uns, was wir an ihnen versäumt haben – und hilf uns, ihnen nachzulassen, was sie an uns versäumt haben.« (Franz Christ)

9. VOM LEBEN ZUM TOD GESCHIEDEN WERDEN

Gottes Gerechtigkeit wird sich im *Jüngsten Gericht* vollenden, in dem Gott die »alte Weltzeit« beendet: Er besiegelt das Vergehen des Vergangenen – des Lebens vor dem Tod, des alten Lebens, zu dem unweigerlich der Tod gehört. Gott scheidet das Leben bei ihm, das »ewige Leben«, vom Tod und vernichtet die Todesmächte (Apk 20,14). Nicht der Tod schneidet das Leben ab, sondern getrennt wird das alte, vom Tod gezeichnete Leben von Gottes neuer Schöpfung. Gott bringt keine graduellen Unterschiede zwischen Menschen ans Licht, sondern scheidet zwischen Leben und Tod. Dieses Drama hat keinen offenen Ausgang. Sein Ende – sein wahrhaft gutes Ende – hat längst begonnen, auch wenn wir dies erst sehen werden.

Wenn unser Blick auf dieses Gericht gelenkt wird, erscheint unser Leben, das darauf zuläuft, in eigentümlicher »Brechung«, ähnlich wie Lichtstrahlen durch eine Linse »gebrochen« werden. Gebrochen – nicht zerbrochen – wird es durch Gottes Gegenwart, durch sein Handeln an uns. Die Hoffnung auf ein Fortleben, wie auch immer es geartet sein mag, und Erwartungen für die verbleibende Zeit, die im vorgerückten Alter leicht zerfasern oder verwirren, erscheinen durch Gottes barmherziges Urteil gebrochen: Statt ungebrochen »hoffnungsvoll« zu sein, leben wir von der Hoffnung, die Gott für uns hegt und mit der er uns trägt. Und die Angst vor Gottes Gericht wird durch Gottes Vergebung gebrochen, mit der er schöpferisch seine bergende Gnade erweist.[1]

Gott wird als Richter den Angeklagten zu ihrem Recht verhelfen – zu ihrer Teilhabe an Gottes Gerechtigkeit –, von wem auch immer sie verklagt wurden, und sei es von sich selber. Für dieses Recht hat Jesus Christus sie errettet, und er tritt mit seinem Leben für sie ein, wenn die Todesmächte nach ihnen greifen (vgl. Röm 8,31-39).

Jenseits der Frage »Wie können wir bestehen?« werden wir, alle Menschen, vor Gott und Christus als Weltenrichter[2] offenbar werden. Das heißt auch, dass wir für uns durchsichtig werden, dass beendet wird, wie wir undurchschaubar waren für uns selbst. Was werden wir da zu sehen und zu hören bekommen! Bei allem Erschrecken, das uns dabei befallen mag, wird befreiend deutlich werden, wie es mit uns bestellt gewesen ist und warum uns dies früher nicht deutlich werden konnte, weil es nebelhaft, zwielichtig, verlogen war. Gottes Gericht ist eine unausdenkbare Wohltat, weil es schmerzlich durchdringende Klarheit schafft, die die beklemmende Verwirrung aufhebt, in der wir befangen sind.

Aufgedeckt wird, ob unsere Werke »in Gott getan sind« (Joh 3,21), die »guten Werke«, die »Gott zuvor bereitet hat« und zu denen wir »in Christus Jesus geschaffen« sind (Eph 2,10). Menschen werden »nach ihren Werken gerichtet« (Röm 2,5-10; 1 Petr 1,17), nach ihrem Wirksamwerden als Menschen. Werke sind umfassender als Taten, sie sind »sichtbarer Ausdruck des Seins eines Menschen«[3]. Offenbar wird, ob und wie

Gottes Wille in diesen Werken gegenwärtig wurde. So durchbricht Gott die Selbstbeurteilung derer, die sich durch ihre Lebensleistung definieren wollen.

Diejenigen, die Gott zu sich ruft und die diesen Ruf im Hilfeschrei der Elenden vernahmen (Mt 25,37-39), haben ohne ihr Wissen Gott an ihnen und durch sie wirken lassen. Jeder Mensch, der Barmherzigkeit übt und dem Unrecht keinen Raum gibt, lässt etwas von dem Bilde erkennen, nach dem er geschaffen ist.

Offenbar wird, wie Christus, das Angesicht des barmherzigen Gottes, uns in denen begegnete, die noch nicht, nicht mehr oder noch nicht wieder für sich sorgen können. Sie bedürfen besonders dringlich der fürsorglichen Güte, die Gott uns erwies und durch uns mitteilen will. Vor Gott, der uns unverhofft in Menschen entgegenkommt, werden wir uns so gegenübergestellt, wie wir in allen unseren Lebensäußerungen waren: angesichts der verborgenen Gegenwart Christi zeit unseres Lebens (Mt 25,35-40).

Werden Menschen vor Gott offenbar, so zeigt sich auch, wie seine Güte ihr Leben erfüllt hat: mit einer »Fülle« wie mit einem Überfluss, den Gott den Menschen so angedeihen lässt, dass er auf andere überströmt: »die Fülle des Segens Christi« (Röm 15, 29). Die endgültige Offenbarung dessen, was ich gewesen bin, eröffnet *zugleich* die Fülle dieses meines unverwechselbaren Lebens im ewigen Leben Gottes. Das setzt die Begegnung mit dem lebendigen Gott in Jesus Christus voraus – ein Gericht, aber jenseits aller strafrechtlichen Kategorien, eine Scheidung von Tod und Leben.

Wir werden aufgedeckt, wie wir *gewesen* sind – nicht ein Tatbestand, an dem wir noch etwas ändern könnten. Gottes Urteil ist endgültig. Dass wir offenbar werden und dass unser Wirken gewichtet wird, ist keine Tatsachenfeststellung, sondern der Vollzug von Gottes Gerechtigkeit. Was uns erwartet, gestaltet unsere Erwartung als Vertrauen darauf, dass bei unserem Wirksamwerden als Menschen Jesus Christus verborgen gegenwärtig ist.

So will Gott nicht nur offenlegen, wer wir gewesen sind, sondern vor allem, wer wir sind: als die, die bereits vor ihm gelebt haben und auch beim Sterben in seinen Händen geblieben sind. »Ich werde von einer Hand Gottes in die andere gereicht«, sagte der Theologe Heiko A. Oberman vor seinem Tode im Jahre 2001. Hanns Dieter Hüsch schrieb: Gott »wird mich in seine Arme nehmen und dorthin führen, wo ich erwartet werde«[4].

10. WIR WERDEN ERWARTET!

»Wir werden erwartet!«[1]: Wer dies heutzutage mit einem sehnsüchtigen Blick an der Todesgrenze sagt und über sie hinausblicken möchte, wird wohl an das Wiedersehen mit geliebten, vertrauten Menschen denken, die von ihm gegangen sind, vorausgegangen in eine unerreichbare Ferne. Könnten sie an der Schwelle eines anderen Lebens stehen und uns dort entgegenkommen, wenn wir gestorben sind? Wir möchten wiedersehen, die wir jetzt schmerzlich vermissen, mit denen wir aber im Innersten verbunden geblieben sind – ihnen möchten wir erlöst in die Arme sinken; an andere, bei deren Anblick wir erschrecken müssten, denken wir lieber nicht.

Eine solche Hoffnung auf ein Wiedersehen, die auf die Fortdauer der Erinnerung vertraut, wird in vielen Beileidsbezeugungen und Trostworten am Grabe bekundet. Sie wird durch die Zusicherung unterstützt, die Verabschiedeten nicht verloren zu geben, sondern im bleibenden Andenken zu behalten: so, wie sie gewesen sind. So möchten wir sie wiedersehen. Wie können wir dieses Versprechen einhalten?

Ersehnt wird ein Weiterleben, mit dem fortgesetzt werden soll, was das frühere gemeinsame Leben strukturierte, im Alter mehr und mehr Abstriche hinnehmen musste und durch den Tod jäh abgebrochen wurde – oder vielleicht nur unterbrochen? Es könnte gewiss manche Verbesserung vertragen. Aber es sollte, so wird gewünscht, in seinen Grundfesten unverändert bleiben und unter besseren Daseinsbedingungen fortgesetzt werden: ein ungetrübtes Leben, unbelastet von Krankheit, Elend, Zwietracht, Schuld und Todesangst, in ungestörtem Frieden mit allen Mitbewohnern der neuen Welt und in unablässiger Freude, die keine Langeweile zu befürchten hat. Es ist die Wiederkehr des Paradieses, die mit vielen Variationen im Alter erträumt wird.

Die Lebenslinie soll weiter ausgezogen werden. Verbirgt sich hinter der Auffassung, das ewige Leben sei ein optimiertes Fortleben, nicht der unausrottbare Wunsch, jeder wirklich radikalen Veränderung zu entgehen?

Jesus hat die Frage, wie das Leben miteinander nach einer Auferstehung beschaffen sei und wie die zeitlebens eingegangenen Verpflichtungen zwischen Menschen, etwa für die Erhaltung der Nachkommenschaft, dort weiter gültig blieben, brüsk abgewiesen: »Ihr irrt, denn ihr kennt weder die Schrift noch die Macht Gottes« (Mk 12,24), denn »Gott ist nicht der Gott der Toten, sondern der Lebendigen« (Mk 12,27). Auch wenn in der »Schrift«, der Thora, den fünf Büchern Mose, nicht von der Auferstehung von den Toten die Rede ist – darauf beriefen sich die Sadduzäer, eine den Tempelpriestern nahestehende jüdische Gruppe, die mit einer spitzfindigen Lehrfrage Jesus aufs Glatteis führen wollten –, fällt dies nicht ins Gewicht gegenüber der Zusage des lebendigen Gottes, unvorstellbar Neues zu schaffen, einer Verheißung, die in der »Schrift« durchgehend bezeugt wird. Allein in dieser Verheißung ist die Hoffnung auf Auferstehung begründet. Sie kann nur eine von Grund auf erneuerte Erwartung sein. Die Auferstehung wird kein Déjà-vu-Erlebnis verschaffen.

Oepke Noordmans, ein holländischer Theologe (1871-1956), wurde auf dem Sterbebett von seinem Hausarzt gefragt, ob sie sich dereinst wiedererkennen würden. Noordmans antwortete darauf nicht, fragte aber einige Tage später: »Kennen wir uns denn?«

Die Gegenfrage spitzt die Anfrage zu. Wiedererkennen setzt voraus, wieder genau zu kennen, wer oder was wirklich gekannt war: eine Person an ihrem Angesicht, ihrer Stimme, an Gesten und anderen Eigentümlichkeiten. Wiedererkennen ist umfassender als Wiedersehen. Dass ein Wiedererkennen auf Gegenseitigkeit beruhen muss, müssen Alternde schmerzlich bemerken, wenn demenzkranke Angehörige oder Freunde sie bei Besuchen vielleicht wieder anschauen, vielleicht auch nur noch verwirrt und stumm anstarren – aber wiedererkennen können sie sie nicht.

Wie kennen wir einander wirklich? Und kennen wir uns selbst? Letzteres können Heranwachsende bei stürmischen körperlichen und geistigen Wachstumsschüben fragen, staunend, oft auch beunruhigt. Später, wenn zwei Menschen zutiefst miteinander vertraut werden, mögen sie manchmal verwundert fragen, wie sie sich vorher gekannt haben, jeder und jede für sich allein. Im höheren Alter drängt sich unter dem Eindruck befremdender Erinnerungen, bestürzender Selbsterfahrungen oder verstörender Anfragen die Frage auf, ob ich mich überhaupt noch wirklich kenne. »Kennen wir uns denn?«: Diese Frage mit ihren vielen Facetten kann verunsichern und erschüttern, vor allem, wenn sie sich zuspitzt: Kenne ich mich – so, wie Gott mich kennt?

Können wir diese Frage aushalten? Oder können wir nur aushalten, uns selber anzuschauen, weil wir uns nicht wirklich kennen?

In Ps 139 wird die Frage: »Kenne ich mich?« im Gebet »aufgehoben« – als persönliche Frage bewahrt, ihre Beantwortung Gott anheimgestellt:

HERR, du erforschest mich und [er]kennest mich.
Ich sitze oder stehe auf, so weißt du es;
du verstehst meine Gedanken von ferne.
Ich gehe oder liege, so bist du um mich
und siehst alle meine Wege.
Denn siehe, es ist kein Wort auf meiner Zunge,
das du, HERR, nicht alles wüsstest.
Von allen Seiten umgibst du mich
und hältst deine Hand über mir.
Diese Erkenntnis ist mir zu wunderbar und zu hoch,
ich kann sie nicht begreifen.
(Ps 139,1-6)

Hier versucht ein Mensch, sich zu erkunden, ja, sich zu ergründen – und er trifft überall auf Gott, auf Gottes Gegenwart in Gottes zuvorkommendem und bergendem Handeln. Ihm kann er nicht entrinnen, wohin er sich auch wenden und wie er sich auch unkenntlich machen möchte (Ps 139,7-12). Gott durchschaut ihn, ihm bleibt nichts verborgen, auch nicht die versteckteste Absicht oder die Schleichwege des Lebenswillens. Doch indem Gott den Beter umschließt, sperrt er ihn nicht ein, sondern umfängt alle seine Bewegungen und sein ganzes Denken. Der Betende vermag dies nicht zu erfassen. Aber er kann sich darauf einlassen und darauf verlassen, dass Gott ihn erforscht, bis auf den tiefsten Grund seines Erlebens, Denkens, Redens und Handelns.[2] Denn Gott kennt ihn, weil er ihn geschaffen hat (Ps 139,13-18). Er schaut ihn nicht nur so an, wie er jetzt erscheint, anderen und sich selber, sondern er erschaut ihn voller Liebe als sein Ebenbild, in dem er das Werk seiner Hände wiedererkennt, auch wenn dieses Bild beschädigt oder gar verwüstet wurde. Gottes Menschenkenntnis kann kein Mensch erringen, auch durch die schärfste Selbstprüfung nicht. Gott hat ja auch seine eigenen Hände im Blick, die den Beter fürsorglich umschließen, auch wenn dieser Zugriff mitunter schmerzhaft ist. Er verspricht Halt und Gestaltetwerden.

Innerhalb der Zuwendung Gottes zu ihm erfährt der Beter die Begrenzung der Kenntnis seiner selbst – eine höchst lebendige Begrenzung, keine starre, tote Barriere! Er ermisst sie, und er bittet Gott, ihn daraufhin zu prüfen, auch seine Gedanken, Beweggründe und Absichten und deren Verhältnis zu seinem Tun und Lassen. Von dem, der alle Wege, Umwege und Abwege kennt, wird Wegweisung und Geleit erbeten: »Leite mich auf dem rechten (altbewährten) Wege« (Ps 139,24), auf einem Weg, der erprobt und verlässlich ist und zu dem Ziel führt, zu dem Gott mit dem Beter gehen will. Gebeten wird um Selbstwahrnehmung im

Lichte dessen, was Gott an dem Betenden erforscht hat, wie er ihn ergründete und ihn kennt – auch die Art und Weise kennt, in der er geht und steht, sich innerlich bewegt und seine Absichten verfolgt. Die Bitte ist auch aufgeschlossen dafür, dass Gott ihm in den Weg treten und sich ihm entgegenstellen könnte. Darf er dann ausweichen wollen? Oder sollte er nicht lieber innehalten, nach dem rechten Weg fragen – oder vielleicht erst einmal wie nach einem Sturz wieder gehen lernen?

Im Alter wird ein Gebet wie Ps 139 eine stärkere Resonanz finden als früher: »Du kennst mich, achtest auf mich, umfasst mich« – in meiner Begrenztheit, die zugleich in deinem Handeln geborgen ist. Du kennst und umfasst mich auch und gerade bei den Lebenserinnerungen, die ich angesammelt habe und mir verfügbar halten möchte. Du kennst und umfasst mich in meinen Erwartungen, zumal in meiner Hoffnung, von dir aufgenommen zu werden in deine vollendete Lebensgemeinschaft mit denen, die du in sie berufen hast.

Wer erwartet uns?
Gott Vater, Sohn und Geist in seiner Herrlichkeit, in seiner bezwingenden Klarheit – Gott, der mit den Menschen eine Geschichte eingegangen ist, die er zu vollenden verheißen hat – Gott der HERR, der in ungetrübter Gemeinschaft mit den Menschen und unter ihnen leben wird und »alles neu machen« will (Apk 21,5): die Wirklichkeit, die Gott »ganz gemäß ist, in der nur sein heilvoller Wille gilt«[3], in der Bibel »Reich

Gottes« genannt, anders übersetzt: »Herrschaft Gottes«.

»Denn wo Vergebung der Sünde ist, da ist auch Leben und Seligkeit«:[4] gleichsam der Vorgeschmack der Wohltat des rettenden Gerichtes Gottes und des ewigen Lebens. Gottes Treue zu seinem Handeln überbrückt die Kluft, die das Sterben aufreißt. Ewiges Leben ist die erneuerte und endgültige Lebensgemeinschaft, die Gott mit uns eingegangen ist. »Wo aber Gott gegenwärtig ist und keine Entfremdung zwischen ihm und den Menschen mehr herrscht, da ist [...] kein Raum mehr für all das, was gegenwärtig noch, als Folge der gestörten Gemeinschaft mit Gott, menschliches Leben beschädigt und bedroht: Tod, Leid und Schmerz werden dann verschwunden sein.«[5]

Was erwartet uns?
»Ich werde erkennen, wie ich erkannt bin« (1 Kor 13,12). Uns erwartet, dass die vielfältig eingeschränkte, bruchstückhafte und getrübte Kenntnis unser selbst verwandelt wird in das Erkennen, dass und wie wir von Gott erkannt sind – in inniger Verbundenheit. Dass wir uns erinnern, wie Gott uns erinnert. Dass wir uns geschenkt werden in einer Weise, wie wir uns nie gehabt haben. Das ist unausdenkbar – und doch versucht theologisches Denken, uns so vorzubereiten, dass wir uns dafür bereiten lassen und bereit werden.

Dann werden wir nicht nur neu sehen, was gewesen ist und wie wir gewesen sind, sondern wir werden unvergleichlich Neues sehen: des verwandelnden Handelns gewahr werden, mit dem Gott uns vom Zugriff des Todes errettet und zum Leben bei ihm erweckt. Diese Rettungstat stellt nicht wieder her, was einstmals untadelig war, dann Schaden gelitten hat und wieder in Ordnung gebracht werden muss.[6] Gott verheißt, schlagartig gänzlich Neues zu erschaffen und uns darin einzubeziehen, indem er uns eine neue, ihm gemäße Gestalt verleiht (1 Kor 15,49.51-53; 2 Kor 5,2.4). Schon immer hat er Leben erneuert, damit es lebendig bleiben konnte; nun aber will er alles neu schaffen (Apk 21,5), uns eingeschlossen, weil wir sonst, ohne dazu gewandelt worden zu sein, seine neue Wirklichkeit gar nicht wahrnehmen und Anteil an ihr nehmen könnten. Uns erwartet, dass wir in diese Wirklichkeit einkehren, »ins Leben eingehen« (vgl. Mt 18,8), »beim Herrn sein allezeit« (1 Thess 4,17), »bei Christus sein« (Phil 1,23). Es ist keine Rückkehr in ein verlorenes Paradies, sondern das Ankommen in der neuen Schöpfung, im vollendeten Reiche Gottes, wo Gott unmittelbar gegenwärtig ist.

Das Leben bei Gott hat Anteil an seiner Herrlichkeit; darum kann es »ewig« genannt werden, ohne dass es als unvergänglich, von unbegrenzter Dauer, unverwüstlich gedeutet wird. Es besteht auch nicht in einer individuellen Unmittelbarkeit zu Gott in ätherischer Abgeschiedenheit. Die Herrschaft Gottes vollendet sich in einem Gemeinwesen – mit der »Wohnung Gottes unter den Menschen / und er wird unter ihnen wohnen, / und sie werden seine Völker sein, / und er, Gott, wird bei ihnen sein« (Apk 21,3)[7]. **147**

Hier werden diejenigen sich finden, deren Leben in der Geschichte Gottes mit den Menschen geprägt wurde. Ihre Namen sind im Himmel aufgeschrieben, in Gottes Hände eingezeichnet. Sehen werden einander auch, die sich zeit ihres Lebens nie begegnet sind, geschweige denn sich kennengelernt haben. Als Volk Gottes, als Gemeinschaft der Heiligen *(communio sanctorum)* gehörten sie bereits zusammen. Als solche werden die, die sich kannten, sich auch wiedererkennen. Doch nicht *so* wiedererkennen, wie sie sich gekannt haben. Jetzt erkennen sie, wie sie erkannt sind – und welche Fülle Gott ihrem Leben zuteilwerden ließ.

Nach allen Schmerzen, die mit einem Neuwerden verbunden sind, wird nun reine, unauslöschliche Freude sie gemeinsam erfüllen. Wie Jesus beim Abschied von seinen Jüngern ihnen verhieß: »Ich will euch wiedersehen, und euer Herz soll sich freuen, und eure Freude soll niemand von euch nehmen. An jenem Tage werdet ihr mich nichts fragen« (Joh 16,22-23), weil »alles Fragen verstummt und alles ›selbstverständlich‹ geworden ist«[8]. Dies kann ein Hoffnungslicht auf viele trauervolle Fraglichkeiten werfen, die unser Altern überschatten.

11. IN VEREINSAMUNG GETRÖSTET UND ZUVERSICHTLICH WERDEN

An dieser Stelle ist eine Zwischenbemerkung darüber angebracht, in welcher Beziehung von einem »Wir« nicht nur rhetorisch die Rede ist. »Wir« sind Alternde mit all ihren Gemeinsamkeiten und Unterschieden. Mitten unter ihnen reden und und denken »wir« als diejenigen, die Gott in die Lebensgemeinschaft mit ihm gerufen hat. Dieser Ruf ergeht auf verschiedene und vielfältige Weise. Mit »unseren« Antworten darauf sind »wir« auch miteinander verbunden, generationsübergreifend, weder zeitlich noch räumlich begrenzt. »Wir« können nicht ermessen, wo die Grenzen dieser Gemeinschaft verlaufen – darum ist dieses »Wir« ein offenes Wir: derer, die Gottes Verheißung für ihr Leben und Sterben vernommen haben und bedenken wollen. Dabei stoßen »wir« auf den Umgang mit Sterben und Tod in unserer Gesellschaft und sehen, was sich hier einschneidend verändert hat: Nach überwiegender Meinung geht jedes Menschenleben »natürlich« mit dem Tod, der im Leben angelegt ist, endgültig zu Ende und ist völlig der Vergänglichkeit ausgeliefert. Die Hinterbliebenen müssen sich mit dem abfinden, was für sie geblieben ist: von dem oder der Verstorbenen und ihrem Angedenken.

Sofern wir selbst bereits zu den Alternden gehören, die immer öfter Abschied nehmen müssen, erhält dieser gesellschaftliche Umgang mit Sterben und Tod eine persönliche und geistliche Zuspitzung: Wie ge-

denken »wir« in einer Situation, in der »ewiges Leben«
für viele Zeitgenossen zum unverständlichen Fremd-
wort geworden ist, unserer Angehörigen und Freunde
im Lichte von Gottes Verheißung? Und wie können
»wir« mit anderen trauern, denen dieses Gedenken
fremd ist und das ihnen, falls es überhaupt angesprochen werden kann, nichts mehr mitteilt? Ähnliche
Fragen stellen sich denjenigen, die Schwerkranke und
Sterbende begleiten, bei denen die Frage »Wer werde
ich sein?« oder »Was wird mir geschehen?« allenfalls
verklausuliert zur Sprache kommt – und denen »wir«
doch beistehen möchten.

In vielen Trauerfeiern, auch in kirchlichen, gilt das
Hauptinteresse der Angehörigen der Vergegenwär-
tigung des oder der Verstorbenen. Sie sollen in den
Texten, mit Hilfe von Lieblingsmelodien oder durch
eine Fotografie präsent und wiedererkennbar sein:
»So war er, war sie wirklich!« Die Trauerfeier wird zu
einem Impuls, Verstorbene im Herzen zu behalten.
Das Herz ist der »sichere Ort«, an dem wir Verstorbenen auch dann noch begegnen können, wenn sie uns
unwiderruflich entrissen sind. Die Erinnerung, die
Verstorbene im Herzen bewahrt, soll gegen die dro-
hende Vereinsamung wappnen, soll helfen, sich nicht
verwaist zu fühlen, gerade wenn wegen des fortgeschrittenen Alters und des begrenzten Aktionsradius
kaum mehr neue Kontakte geknüpft werden können.
Zusätzlich helfen kann auch, die beklemmende Einsamkeit in Trauerangeboten zur Sprache zu bringen
und ihr durch Trauerarbeit beizukommen. Höchst
150   bedenklich wird es aber, wenn unsere Gottesbedürf-

tigkeit durch mitmenschliche Unterstützung und Erinnerungsleistung ersetzt werden soll. Fragwürdig ist eine Seelsorge, die damit trösten will, dass niemand verloren ist, solange seiner gedacht wird. »Was man tief in seinem Herzen besitzt, kann man nicht durch den Tod verlieren«: Dieser Spruch, seit einiger Zeit oft in Traueranzeigen und auf Grabsteinen zu finden und fälschlicherweise Goethe zugeschrieben, verpflanzt das Endschicksal von Menschen in das Herz derer, die sie in Erinnerung behalten möchten – in einer Erinnerung, die selbst alles andere als verlässlich und beständig ist.

Was kann der Prediger, die Predigerin bei einer Beerdigung dann pointiert *mehr* sagen als: »Der Angehörige bleibt in unseren Herzen bewahrt«? Wenn wir hier nicht mehr und anderes zu sagen wissen, machen wir uns schuldig an der »Rechenschaft über die Hoffnung, die in uns ist« (1 Petr 3,15): nicht eine Hoffnung, die wir zeitlebens in uns tragen, weil sie uns angeboren ist, sondern die Hoffnung, die in uns lebendig wird, indem sie auf uns zugekommen ist und uns erfüllt, die außer uns ist, *extra nos* – in Gottes Verheißung des Lebens mit ihm und bei ihm, die im auferstandenen Christus Gestalt geworden ist und uns in sein Leben aufnimmt.[1]

Ein liturgischer Text wie der »Choral« von Hanns Dieter Hüsch kann auch einer kirchenfernen Trauergemeinde ein Fenster zu dieser Gotteserwartung öffnen. »Von einer Handvoll Erde sind wir alle hier«: Dies sagt allen, die sich um ein offenes Grab versammeln, woraus auch sie gebildet wurden und zu was sie werden. In der Spanne Zeit, die ihnen als ein »kleines Stück vom großen Leben« »beigegeben« ist, können Menschen »mit Güte Gutes [...] erstreben«, »was nötig ist zum Leben mit allen teilen / Und aller Kreatur zu Hilfe eilen«. Hochmut erbringt nichts, erfahrene Vergebung führt zu Demut. »Doch größer wär des Menschen Not / Wär nicht ein Gott, der milde mit uns allen.«[2]

Menschen, von denen wir uns endgültig verabschieden müssen, so in Erinnerung zu behalten, dass wir dabei des Handelns Gottes an ihnen gewärtig bleiben und sie Gott anvertrauen: Dies kann in Vereinsamung trösten und die Zuversicht wecken, nicht gänzlich *verlassen* zu sein. In besonderer Weise gilt dies für altersbedingte Einsamkeit.

Alternde vereinsamen, wenn sie sich nur noch selten mit anderen – nicht nur mit anderen Alten! – austauschen können, nicht bloß über ihre Beschwerden, sondern über ihre Gedanken, Fragen, Erfahrungen und Aussichten. Je weniger sie am sozialen Leben teilhaben und teilnehmen können, desto mehr sondern sie sich ab. Nicht immer kann der durch das Altern aufgenötigte Rückzug von einem Freundeskreis und der meistens vielbeschäftigten Familie aufgefangen werden.

Diese Vereinsamung ist zu einem ausgedehnten Feld der Altersforschung geworden. Betrachtet wird sie meistens als gesellschaftspolitisches Problem, erwachsen aus dem Verlust von Ehe- oder Lebenspartnern, Verwandten und Freunden, aus der Überbeanspruchung Angehöriger durch ihren Beruf, aus dem

Zerfall von Familienverbänden, der unaufhaltsamen Individualisierung in den Industriegesellschaften, der Entsolidarisierung der Gesellschaft, veränderten Kommunikationsmöglichkeiten und dem Verhalten zu ihnen. In Großbritannien wurde 2018 eine Regierungsbeamtin zur Juniorministerin »for Sport, Civil Society, and Loneliness« ernannt; bereits im selben Jahr trat sie von diesem Amt zurück. Mit ihrem Stab sollte sie sich auch um die Vereinsamten kümmern, vermutlich auf der Grundlage einer Unmenge von Statistiken und mit Programmen, die versprechen, das brüchig gewordene soziale Netz zu flicken und so eng zu knüpfen, dass niemand mehr aus ihm herausfallen muss, auch wenn er einsam geworden ist.

Alternde fühlen sich wie beraubt und verlassen, wenn vertraute Menschen von ihnen gegangen sind, für geraume Zeit oder für immer. Verlassenheit erfasst sie aber auch, wenn sie aus ihrer Umgebung keine Wärme und keinen Zuspruch erfahren, wenn sie in ihrer Lage kaum mehr wirklich wahrgenommen, angehört und ernst genommen werden oder wenn trotz aller Bemühungen keine Verständigung gelingt. Wenn sie durch ihre bisherige Lebensweise nicht lernen konnten, sich durch Lesen und mit anderen kulturellen Hilfsmitteln zu beschäftigen, kann Isolierung zu Altersdepressionen führen.

Desto wichtiger ist, dass die Menschen, die sie umgeben, ihnen gerecht werden, indem sie von ihnen ernst genommen werden und erfahren, was für sie von Bedeutung ist. Sie werden in ihrem Alleinsein nicht im Stich gelassen, wenn andere mit ihrer hilfsbereiten, fürsorglichen Anteilnahme ihnen zu Nächsten werden[3] – sogar dann, wenn keine körperliche Nähe erreicht werden kann, sondern durch technische Kommunikation ersetzt werden muß.

Alternde können selber kaum mehr die Nähe anderer suchen, damit sie ihre Einsamkeit ausgleichen. Darum sind sie darauf angewiesen, dass sie besucht werden und dass in der kostbaren Besuchszeit auch grundlegende Fragen angesprochen werden dürfen. Rigide Kontaktbeschränkungen, Besuchsverbote in Alters- und Pflegeheimen und in Krankenhäusern, wie etwa bei der Covid-19-Pandemie, verschlimmern die schon bestehende Vereinsamung, können zu einer »Epidemie der Einsamkeit« (Horst Opaschowski) führen.

Nicht nur Vereinsamung, sondern schon die Furcht vor ihr kann krank machen. Von vielen wird sie mehr gefürchtet als Altersarmut. Wie beängstigend der Gedanke, vielleicht sogar in völliger Einsamkeit sterben zu müssen, ohne einen Abschied von geliebten Menschen, ohne ihren Händedruck!

In unsere Verlassenheit hinein reichen Gottes Hände. Wir sind nicht schutzlos allein gelassen:

Und ob ich schon wanderte im finstern Tal,
fürchte ich kein Unglück.
denn du bist bei mir,
dein Stecken und Stab trösten mich.
(Ps 23,4)

Zuvor hat der Psalmist Gott als einen Hirten geschildert, der sich um seine Herde kümmert und sie erquickt. Dann wechselt der Beter zur direkten Anrede: »Du bist bei mir.« Wie oft ist er in verfinstertem Gelände, in der »Todschattenschlucht«[4], Gefahr gelaufen, auszugleiten, sich zu verletzen, sich im Dickicht zu verfangen, gar überfallen zu werden! Da war der Hirte zur Stelle, der mit einer Schutzwaffe Angreifer abwehrt und mit seinem Leitstab das Schaf antreibt oder zur Herde zurückholt.[5] So baute er Vertrauen wieder auf, ermutigte und sprach Zuversicht zu.

Gottes bewahrende Nähe ergreift uns mit seiner Hand, mit der er begleitet, führt, durch einen Händedruck stärkt, die aber auch mahnend ergreifen und festhalten kann.

Tröstlich ist, dass auch in Einsamkeit, die als Verlassensein erfahren wird, Gott hört und sieht, und zwar nicht nur zusieht und zuhört, sondern sich uns zuwendet und antwortet – auf seine Weise, der unsere Fähigkeit, sie aufzunehmen, oft nicht gewachsen ist. Jedes Gebet, auch wenn es ins Leere gesprochen scheint, wird von Gott gehört.

Bei einem Lebensrückblick im Alter kann entdeckt werden, wie oft und auf welche Weise das Grundvertrauen »Du bist bei mir« bekräftigt wurde. Auch bei dem Schritt in das Dunkel des Todes dürfen wir uns an dieses Beistandsversprechen halten.

Jesus, der sich den »guten Hirten« genannt hat, der sein Leben für seine Herde hingibt, wenn sie tödlich bedroht ist (Joh 10,11), musste selber in äußerster Einsamkeit sterben; zwar war er von Zuschauern umringt, die aber seine Verlassenheit nur verstärkten. Sein letztes Wort, kaum verständlich und missdeutbar, ist als ein Ruf aus tiefster Verlassenheit vernommen worden:

>»Mein Gott, mein Gott, warum hast du mich verlassen?«*
(Mt 27,46; Mk 15,34)

Es ist eine Frage an Gott, kein letzter Aufschrei eines Verzweifelten, sondern die Frage, mit der ein Klage- und Dankgebet beginnt (Ps 22,2a). Der Sterbende bricht nach dem ersten Satz ab, nur seine Frage bleibt im Raum stehen, aber auch wenn nur die ersten Worte gesprochen werden, ist der gesamte Psalm aufgerufen:

*Ich schreie, aber meine Hilfe ist ferne.
Mein Gott, des Tages rufe ich,
doch antwortest du nicht,
und des Nachts, doch ich finde keine Ruhe.
Du aber bist heilig,
der du thronst über den Lobgesängen Israels.
Unsere Väter hofften auf dich;
und da sie hofften, halfst du ihnen heraus.*
(Ps 22,2b-5).

Der Sterbende findet seine Zuversicht in der erinnerten Gewissheit, dass Gott schon oft so geholfen hat, und er schöpft daraus eine Hoffnung, die er aus sich selber nicht aufbringen könnte. Betend birgt er sich in Gottes Handeln. Er kann sogar, unhörbar und unbegreiflich für uns, schon ein Danklied über seine Errettung anstimmen (Ps 22,23-32). Er ist nicht mehr verlassen, er reiht sich in die unüberschaubare Schar von Beter und Beterinnen ein, in die Gemeinde derer, die Gott anrufen mit ihrer Klage, ihrer Bitte, ihrem Lob und Dank. Sie preisen Gott in seiner Heiligkeit. Sein Gebet ist seiner Frage weit voraus, denn jetzt bricht Gottes Reich an.[6] Als der Auferstandene wird er uns sagen: »Ich bin bei dir. Du stirbst zwar allein, aber nicht von mir verlassen.«

Von der aufgezwungenen Einsamkeit der allein Gelassenen ist das *Alleinsein* zu unterscheiden: einsam, weil allein mit sich selber sein. Diese Einsamkeit kann gesucht werden, etwa zum Gebet, wie Jesus es oft getan hat, oder zur Klärung einer Lebensfrage, die zur Selbstprüfung nötigt, bevor darüber gesprochen werden kann.

Alleinsein im Alter kommt aber auch durch Alterserscheinungen zustande. Alternde grübeln viel, und dabei verfließen Vergangenheit, Gegenwart und Zukunft ineinander. Die Zeiten verlieren ihre Konturen, ihre Struktur verflüchtigt sich. Erinnerungen, Ereignisse und Vorausschau sind gleichermaßen gegenwärtig und durchdringen einander. Wie finde ich dann Halt? Worauf kann ich mich noch verlassen? Wonach mich richten?

Wenn Alternde damit zurechtkommen müssen, dass sie ihre Lage nicht mehr ändern können, gehen die Veränderungen an ihnen vorbei und es entsteht eine spezifische Form der Altersmüdigkeit.

Wenn Menschen immer weniger hören und sehen, wenn ihnen sich das Weltgeschehen weitgehend entzieht, wenn die Sozialität und die Anregung durch fremde Gedanken mehr und mehr verloren gehen, kommen sie in einer Stille an, die schwer auszuhalten ist, wenn sie nicht in früheren Lebensphasen eingeübt wurde. Wie es eine Bereitung zum Sterben braucht, so bedarf es auch einer Vorbereitung auf das Altern: indem ein Mensch übt, sich selbst gegenwärtig zu sein und damit Gottes gewärtig zu werden. »Meine Seele ist stille zu Gott, der mir hilft.« (Ps 62,2) Nur auf Gott und sein Handeln hin kann die Seele zur Ruhe kommen, zu aufgeschlossener Ruhe.

Dieser Stille gehen wir aus dem Weg, weil sie so unerträglich ist. Weil wir unsere Seele, unsere geprägte Lebendigkeit, nicht anhalten können. Wir werden zwischen unseren Erinnerungen und Erwartungen hin- und hergetrieben und erreichen so schwerlich, in der Gegenwart wirklich anwesend zu sein. Dieses Gegenwärtigsein ist gerade eine Chance des Alterns, jedoch nur dann, wenn wir darauf vorbereitet sind. So, wie Gottes gewärtig zu werden am ehesten eine Chance hat, wenn wir uns in der biblischen Sprache bewegen können: in den Psalmen zum Beispiel, die als Sprachschule des Betens, als Reden von Gott im Reden zu Gott, nicht hoch genug einzuschätzen sind. Sie sind auch darum so wertvoll, weil sich in ihnen Widerfahrnisse von Generationen dermaßen verdichten, dass Menschen aus allen Sprachen und Kulturen sich in vielen ihrer Verse wiederfinden können. Sie erkennen sich wieder in Leid und Rettung, Krankheit und Heilung, Anfechtung und geduldigem Vertrauen von Betern, die unmittelbar zu uns sprechen, weil sie sich in äußerster Konzentration auf das Wesentliche aussprechen. Und dies alles kommt im Horizont von Gottes eigenem Wirken zur Sprache, wie es sich in der Schöpfung, im Geschick Israels und im Erleben einzelner Menschen niedergeschlagen hat. Psalmen bringen das menschliche Leben in seiner Vielfalt, mit seinen Bedingtheiten, Bedrängnissen und Befreiungen *vor Gott zur Sprache*, ihre Beter gedenken seines Handelns und schöpfen daraus Vertrauen und Zuversicht.

Wenn Menschen als die in die Lebensgemeinschaft mit Gott Gerufenen zu einem »Wir« zusammengeschlossen werden, dann verdanken sie dies in besonderem Maße dem Psalter. Er baut eine Brücke zwischen Generationen und Kulturen, er nimmt uns in eine Gemeinschaft des Betens auf und wehrt dadurch auf seine Weise der Angst, allein gelassen zu werden. Wer betet, tritt in die Gemeinschaft der Betenden ein.

Diese Gemeinschaft wird sichtbar und erfahrbar im Gottesdienst, und dort speziell im gemeinsamen Beten. Im gefeierten Gottesdienst sind wir nicht einsam, weil wir uns als nicht verlassen wissen. Hier erfahren wir, dass wir in unserem Alleinsein gehört und wahrgenommen werden und selbst hören und aufnehmen, was für uns von Bedeutung ist. Hier können wir unsere Einsamkeit und unsere Alleinsein gemeinsam vor Gott bringen. Am Tisch des Herrn werden wir, die Einzelnen, zu einer Tischgemeinschaft, die sich in anderen Formen fortsetzen kann. So wird das

Wir erfahrbar, bleibt nicht als allgemeine Solidarität im Hintergrund. Das Wir ist weder ein Interessenverband noch eine Gesinnungsgemeinschaft, sondern die Gemeinde derer, die Gott zu sich zusammengerufen hat.

12. GEHALTEN WERDEN
VON DER LEBENSFORM DER
LEBENSGEMEINSCHAFT MIT GOTT

Gehalten werden können wir gerade beim Altern mit seiner Brüchigkeit und Anfälligkeit von einer *Lebensform: wie geprägt gelebt wird*, mit allem, was an Handlungen und Lebensäußerungen dazugehört – auch der Frage, was das Altern zu denken gibt, und was auf diese Frage geantwortet werden kann.

Eine Lebensform in diesem prägnanten Sinne[1] ist von Gewohnheiten zu unterscheiden, zu denen auch Tagesabläufe, Einkäufe, Mahlzeiten und vieles andere gehören. Solche Gewohnheiten füllen das Alter weitgehend aus. Es sind Riten, die sich im Leben ausgebildet haben oder neu bilden, Gewohnheiten, an denen Menschen ihren Halt finden. Man kann die Anerkennung und Unterstützung solcher Gewohnheiten durch Angehörige und Pflegekräfte als einen Rest an Menschenfreundlichkeit ansehen, darf in ihnen aber nicht einen Lebensinhalt des Alters suchen und finden wollen.[2] Anders geartet sind die Praktiken, in die wir gleichsam hineingewachsen sind, in denen wir uns geübt haben und mit denen wir uns auskennen. Mit ihnen wird eine Lebensform vermittelt.

Eingangs habe ich eine Lebensform genannt, in der sich wohl die Mehrzahl der Alternden in unserer Gesellschaft eingerichtet hat: eingestellt auf die Endlichkeit des Menschenlebens mit dem Lebensende als perspektivischem Fluchtpunkt. Diese Lebensform, die durch die Philosophie der Stoiker eingeführt und kultiviert worden war, ist in ihren Grundzügen von der Antike an bis in unsere Zeit hinein anziehend geblieben. Nach ihrer Lehre existieren Menschen wie alle Lebewesen in einem Kosmos, den *fortuna,* die Göttin »Schicksal«, beherrscht. Sie waltet in den undurchschaubaren Kräften, die das Weltgeschehen kausalbestimmt steuern. Ihnen sind auch die Menschen unterworfen. Die Schicksalsschläge, die sie treffen, können durchstanden werden, wenn sie lernten, die eigenen Affekte zu beherrschen, sich weder der Furcht auszuliefern noch sich in Hoffnungen zu flüchten, sondern sich in das Unabwendbare zu fügen. Dabei hilft es, an das Ganze zu denken, speziell an die Gesellschaft, in der gelebt und gestorben wird, und an ihr gemeinsames Glück.

Weder das Judentum noch das Christentum kannten ein Wort, das dem lateinischen Begriff *fortuna* entsprochen hätte: dem Schicksal, das menschliches Leben zu ermöglichen oder zu zerstören, zu beglücken oder niederzudrücken vermag.[3] Beide dachten auch nicht an einen kosmisch-natürlichen Gesamtzusammenhang, sondern sie bekannten sich zu Gott als dem Schöpfer der Welt, der mit Menschen eine Geschichte eingegangen ist, der an ihnen, mit ihnen und durch sie schöpferisch handelt, der sie zu sich ruft und vollendet, was er sich vorgenommen, verheißen und zu erfüllen begonnen hat. Dietrich Bonhoeffer schrieb: »Ich glaube, daß Gott aus allem, auch aus dem Bösesten, Gutes entstehen lassen kann und will. [...] Ich glaube, daß Gott uns in jeder Notlage soviel

Widerstandskraft geben will, wie wir brauchen. Aber er gibt sie nicht im voraus, damit wir uns nicht auf uns selbst, sondern allein auf ihn verlassen. [...] Ich glaube, daß Gott kein zeitloses Fatum ist, sondern daß er auf aufrichtige Gebete und verantwortliche Taten wartet und antwortet.«[4]

Für die Lebensform des christlichen Glaubens hat die Geschichte Gottes mit den Menschen eine prägende Gestalt erhalten: Jesus Christus, den Kommenden, der durch sein Sterben und seine Auferstehung unsere Hoffnung wurde, für immer bei Gott zu sein. Er ist »die Hoffnung, die nicht stirbt, auch nicht zuletzt« (Caroline Schröder Field). Sie begründet die Geschichte, in der Christen leben – nicht nur bis zu ihrem Tode – und die allen Menschen offensteht.

Glaubenssätze wie die Bonhoeffers sind in die Lebensform eingebunden, die durch die Lebensgemeinschaft mit Gott gebildet wird. Wie sie in ihr verankert ist, kann hier nur skizziert werden. Mit ihr stimmen Menschen in Gottes vielfältiges Handeln an ihnen und an anderen Geschöpfen ein. Maßgebend geschieht dies im Gottesdienst, wenn Menschen gemeinsam den Ruf Gottes vernehmen, wenn sie ihn miteinander betend anrufen, ihm ihre Sünde in der Bitte um seine Vergebung bekennen, wenn sie empfangen, was er ihnen geben und mitteilen will, und indem sie sich unter seinen Segen stellen. Ihr Vertrauen auf Gott wird gefestigt und ihre Bereitschaft gestärkt, sich von ihm leiten zu lassen. So kann ihre Urteilskraft gewandelt und umgestaltet werden, damit sie den Willen Gottes »erproben«[5]: sich der Bewährung durch das »Gute, Wohlgefällige und Vollkommene« (Röm 12,2) unterziehen, das Gott den Menschen zugedacht hat und das von ihnen angestrebt wird.

So schenkt die Lebensgemeinschaft mit Gott Menschen eine Gemeinschaft ureigener Art: die Kirche, die »Gemeinschaft derer, die Gott an sich handeln lassen«[6], im Besonderen durch sein Wort und Sakrament *(communio sanctorum)*. In institutioneller Vielfalt finden sie sich zusammen: als Wir derer, die in den Gottes Augen beisammen sind und eins werden (vgl. Joh 17,22). Diese Einheit zeichnet sich in ihrer Lebensform ab, wie sie vornehmlich durch das Beten als Klage, Dank, Bitte, Fürbitte und Lobpreis vermittelt wird – nicht nur im sonntäglich gemeinschaftlichen, sondern ebenso im täglichen persönlichen Gottesdienst, auch wenn dieser nur bescheiden ausfallen sollte. Die Lebensform reicht weiter als die Gemeinschaft, die als Miteinander-Sein erlebt wird. So belebend es ist, im Herrenmahl gemeinsam »zu sehen und zu schmecken, wie freundlich der Herr ist«, gemeinsam zu singen, auch leiblich einander nahe zu sein – die Lebensform des Glaubens ist dadurch nicht begrenzt. Alternde sind auf diese Lebensform noch mehr angewiesen, wenn ihre Einsamkeit anwächst und die Möglichkeiten schwinden, an den Zusammenkünften einer Kirchengemeinde oder einer anderen christlichen Gemeinschaft teilzunehmen.

Auch die Teilnahme an den Festen des *Kirchenjahres* gehört zur christlichen Lebensform, weil in seinem Gang »die ganze Fülle der Gottheit«, wie sie »in Christus leibhaft wohnt« (Kol 2,9), Schritt für Schritt wahrgenommen werden kann. Von der Feier der Menschwerdung Gottes bis zur festlichen Erwartung Jesu Christi als des kommenden Richters an der Seite Gottes, der seine neue Wirklichkeit erschafft, werden wir, die die Christusfeste begehen, in die Geschichte Jesu Christi hineingezogen.[7]

Von der Lebensform des christlichen Glaubens gehalten zu werden bedeutet auch, mit der *biblischen Sprache* vertraut zu sein. Denn durch die Sprache ist die Lebensform mit der Wirklichkeit verwoben, in der wir leben: mit der Wirklichkeit Gottes, wie er Menschen begegnet, zu ihnen spricht, ihre Antworten hört und darauf eingeht. So trägt uns diese Sprache.

Die biblische Sprache ist ein in vielen Jahrhunderten ausgereiftes Sprechen. Auch wenn die biblischen Texte in Sprachen überliefert wurden, von denen – außer der hebräischen – keine heute mehr in Gebrauch ist, ist sie keine vergangene, tote, sondern eine vernehmbare, lebendige Sprache. Sie verbirgt sich in manchen Teilen der Bibel hinter weitläufig berichteten Abfolgen von Geschehnissen, in Ahnentafeln, Rechtsordnungen, lebenskundlichen Beobachtungen. Auch sie stehen in Zusammenhang mit der oft dramatischen Geschichte Gottes mit den Menschen. Von ihr erzählen Geschichten, in denen Gott sich souverän bemerkbar gemacht hat, und Gebete, in denen Gottes Taten gedacht und sein Eingreifen erbeten wird, manchmal sogar im Ringen mit Gott unter Berufung auf seine Gerechtigkeit. Andere Sprachformen sind prophetische Ansagen des Kommens Gottes und seiner Neugestaltung hoffnungslos zerrütteter Verhältnisse. Wenn Gottes Verheißungen, Weisungen und Gebote erschlossen werden, geschieht dies nicht mit Instruktionen und Handlungsanweisungen, sondern als Hinführung zu dem, was Gott für seine Welt bereitet und vorgesehen hat. Narrative biblische Texte zeichnen Situationen meistens nur in Umrissen, seelische Regungen und Gedanken werden nur gestreift, das Reden bleibt oft fragmentarisch. Die Sprache ist dynamisch, ganz darauf gerichtet, wie Gott Menschen heimsucht, ihnen in den Weg tritt, hörbar wird, ohne je sich greifen und begreifen zu lassen. Vieles bleibt ungesagt oder wird nur angedeutet, es bleiben Lücken, über die nicht hinweggelesen und -geredet werden darf. Leerstellen der Erzählung ziehen Hörer und Leser in das Geschehen hinein.

Diese Vielgestaltigkeit und Vielstimmigkeit findet ihre Einheit in der Ausrichtung auf den lebendigen Gott, und die Theologie trägt dazu bei, indem sie den Bedeutungsraum von biblisch tragenden Wörtern erschließt, sie präzisiert, ihren Verknüpfungen und Verweisungen nachgeht, die Beziehungen ihrer Grundaussagen zueinander klärt und den Aufbau des entstandenen Sprachgefüges, ihrer »Grammatik«, nachzeichnet.[8] Mitverantwortlich ist sie für den geregelten Sprachgebrauch, der mit der Lebensform verwoben ist, wie sie vor allem im Gottesdienst und den von ihm ausgehenden gemeinsamen und persönlichen Handlungsweisen lebendig ist.

Zu den Eigentümlichkeiten biblischer Sprache gehört das *Passivum divinum,* das »göttliche Passiv«: Im

Passiv (der »Leideform«) wird ausgedrückt, wie Gott an Menschen am Werk ist und was er ihnen zukommen lässt, zum Beispiel, dass »der innere Mensch von Tag zu Tag erneuert« wird (2 Kor 4,16) und dass »der Mensch durch den Glauben gerechtfertigt werde«[9]. Der Gottesname wird nicht genannt, Gott bleibt in seinem offenbaren Handeln Geheimnis. Es ist ein Geschehen, das sich nicht mit der grobschlächtigen Unterscheidung von »aktiv« und »passiv« erfassen lässt. Eine andere Besonderheit ist die Umkehrung der uns geläufigen Reihenfolge von »Leben und Tod« zur Sequenz »Sterben und Leben«. Paulus blickt auf Jesu Sterben und Auferweckung und bekennt: »Ich bin [...] gestorben, damit ich für Gott lebe. Ich bin mit Christus zusammen gekreuzigt. Es lebt nicht mehr Ich, es lebt in mir Christus« (Gal 2,19-20) – »Ich lebe, weil ich gestorben bin.« Der Apostel spricht von einem Sterben, das nicht erlaubt, wie bisher weiterzuleben und fortzufahren.

Könnten Ohren, die im Alter schwerhörig geworden sind und auch manches einfach überhören wollen, nicht gerade für die Ruhepunkte und die Perspektivenwechsel, die Feinheiten und die Vielschichtigkeit biblischer Redeweise aufgeschlossen werden?

Die Verlässlichkeit der biblischen Sprache zeigt sich darin, dass sie ungezwungen nachgesprochen werden kann, weil das, was sie sagt und aussagt, nicht brandneu zur Sprache gebracht werden muss. So persönlich ein Psalmgebet ist und so situationsbezogen es auch sein mag – ich kann darin einstimmen und das Beten mit anderen teilen, auch mit denen, die dieses Gebet anderswo oder vor langer Zeit gesprochen haben. Hier finde ich mich, auch wenn das Gebet weit mehr – oder vielleicht auch anderes – von mir sagt, als es mir in diesem Augenblick bewusst sein mag. Das betende Ich ist ja zugleich das »Ich« und »Wir« der betenden Gemeinde, über Zeit- und Raumgrenzen hinweg. Hier ist niemand für sich allein, weil er vor Gott steht und zugleich verbunden mit denen, die mit ihm und für ihn beten – und sei es unausgesprochen. In äußerster Bedrängnis kann ein Gebet zu einem Stoßseufzer verdichtet werden, wie bei einer Sterbenden, die wiederholt nur murmelte: »Immerdar«, das letzte Wort von Ps 23 (»ich werde bleiben im Hause des Herrn immerdar«). Diesen Psalm hatte sie vor langer Zeit auswendig gelernt, »by heart«, wie es im Englischen heißt: Sie hatte ihn sich zu Herzen genommen, ihn immer wieder einmal nachgesprochen, in wechselnden Lebenslagen meditiert. Zur Not reichen nur Bruchstücke eines Gebetes, damit es hinreichend vor Gott ausgebreitet werden kann.

Das Altern verschärft die Frage, wie es um unsere Lebensform bestellt ist. Bewegen wir uns in der Lebensform des christlichen Glaubens, seiner Hoffnung, der sie durchpulsenden Liebe, oder nehmen wir sie nur bei besonderen Gelegenheiten in Anspruch? Sind wir in ihr zu Hause? Trägt und erträgt sie uns, gerade in stürmischen Zeiten? Wie können wir uns in ihr aussprechen?

Die Vereinsamung vieler alternder Menschen könnte *auch* daher rühren, dass ihre Lebensform Schaden gelitten hat, vielleicht schon zerbröckelt ist. Wie Alternde sich mitteilen können und was sie anderen mitteilen, schrumpft immer mehr aufs noch Überschaubare zusammen: auf körperliche und seelische Beschwerden, verbliebene oder neu erworbene soziale Beziehungen, Lebenserinnerungen, die aufgereiht werden und so ein Ganzes bilden sollen, auf Aktuelles, das zu schaffen macht. Das Sprechen verkümmert, auch wenn noch so viel wie möglich geredet wird. Wie Muskeln schrumpfen, wenn sie länger nicht beansprucht werden, so kann eine Sprache auch verlernt werden, wenn sie nicht regelmäßig gesprochen wird. Dies gilt in besonderem Maße für die biblische Sprache, in der wir nur zu Hause sein können, wenn wir uns in ihr bewegen, auch in den Räumen unserer Gebete, in Räumen mit geöffneten Fenstern und Türen.

13. LEBEN AUF GOTT HIN

Im Alter erscheint das zeitlich bemessene Leben mit Gott deutlicher in seiner endgültigen Form, wenn es immer mehr auf Gott hin gelebt wird: eine *vita passiva*, in der immer weniger zwischen Gott und uns steht. Alternden kann, auch wenn sich ihre Augen getrübt haben, der Blick auf das gelenkt werden, was sie einzig und allein von Gott empfangen: Ihre Identität ist in Gottes Gedenken gehalten, sie ist nicht mehr von ihrer Erinnerungsarbeit abhängig. Sie dürfen Gott ansprechen, weil er ein offenes Ohr für sie hat, auch wenn sie von anderen kaum oder gar nicht mehr gehört werden. Sie erkennen sich in Psalmworten wieder und werden von ihnen für Gottes Handeln aufgeschlossen. Die bejahrte Redewendung »Mit dem Alter kommt der Psalter« enthält dieses Körnchen Wahrheit, auch wenn »selbst die Senioren [...] nicht mehr die alten ...« sein mögen.[1] Gott nimmt ihnen ihre Lebensschuld ab und wirft sie hinter sich (Jes 38,17). Seine unwandelbare Treue wirkt dem Vertrauensverlust entgegen, durch den Menschen einander jeden Halt entziehen. Sie unterläuft auch das zwanghafte Streben nach Fortdauer und bricht den Altersstarrsinn auf, der als Krücke für die Selbsterhaltung dienen soll. Wer Gottes Trost empfängt, kann andere Bedrängte mit diesem Trost trösten (2 Kor 1,4-7), ohne ihnen nur gut zuzureden oder sie mit Lebensweisheiten zu beruhigen. Gottes unerschöpfliche und überströmende Güte überwältigt menschliche Engherzigkeit und Herzenskälte. Seine Langmut schenkt Zeit für eine Geduld, die aus Bedrängnis erwächst und die Hoffnung erbringt, die nicht auf Aufschub setzt, sondern Gott erwartet, wie er uns entgegenkommt (vgl. Röm 5,2-4).

Diese *vita passiva* wächst im Alter in ein Warten hinein, das immer weniger von dem überlagert wird, was wir noch tun sollten und könnten. Dieses Warten wird nicht mehr mit der Parole »Du musst dein Leben ändern!« unter moralischen Druck gesetzt.[2]

Manches, von dem sich Alternde lösen müssen oder was ihnen genommen wird, werden sie seufzend abgeben, manches mit einem Seufzer der Erleichterung, weil es sie mehr und mehr belastete oder sich als überflüssig erwies. Andere Abschiede sind Einschnitte, die bis ins Mark treffen und schonungslos entreißen, was nicht zu ersetzen ist, schon gar nicht durch Tatendrang. Wen der Tod verabschiedet, wird dem tätigen Leben anderer Sterblicher entzogen: dem Leben, in dem immer wieder neu zu handeln begonnen werden kann.[3] Auch für das Verzeihen ist es jetzt zu spät – jedenfalls dann, wenn dieses Verzeihen sich in der zwischenmenschlichen Kommunikation bewähren soll. Doch gerade hier ist daran zu denken, dass auch der schmerzlichste Abschied mit einem A-Dieu versehen werden kann, einem »Gott befohlen!«, Gott anvertraut.

Das Altern gibt *last not least* zu bemerken und zu bedenken, wie vielfältig Gott sich Alternder annimmt – ihrer, die so unvergleichlich verschieden altern: sei es, dass sie noch vieles unternehmen können; sei es, dass sie rascher, als sie es ahnten, auf fremde Hilfe angewiesen sind; sei es, dass sie noch jahrelang ihr Altern bewusst erleben, auch das Schwinden ihrer Kräfte, oder dass sie allmählich wie dahindämmern, sich verschließen und schließlich nicht mehr ansprechbar sind; dass sie mehr und mehr vergessen, schließlich sich selbst. Sie alle bedürfen der Fürsprache Christi, der sich für sie hingegeben hat, sie bedürfen gleichfalls der Fürbitte und, in unterschiedlichem Maße, der Fürsorge von Menschen: zum Zeichen dafür, dass Gott sich ihrer aller annimmt und ihnen auf ihrem Lebensweg begegnet: »sei es, dass sich diese Ankunft Gottes ereignet, wenn sich ein Mensch im Gebet in Gottes Gedenken birgt, sei es, dass Gottes Präsenz nicht die Schwelle zum Bewusstsein überschreitet und er Menschen im Gefühl von Trost, Erleichterung, Gehaltensein und Liebe nahekommt und ihnen so eröffnet, wer sie als neue Menschen in Christus sein dürfen.«[4]

14. WAS DÜRFEN WIR HOFFEN?

Uns erwartet das Klarwerden unseres Lebens im unmittelbaren Stehen vor Gott, die vollendete Erkenntnis seines Handelns an uns und mit uns, in allen Verflechtungen unseres Lebens und seiner Bedingtheit durch Herkunft, Lebensumstände und Zeitgeschichte.

Wir werden Gott nicht mehr nur vom Hörensagen kennen, sondern uns selbst in seinem Handeln erkennen (vgl. Hi 42,5).

Uns erwartet, dass Gott uns so anredet, dass wir von »Angesicht zu Angesicht« vor ihm »ich« sagen können, also Person bleiben.

Uns erwartet, dass Gott vollendet, was er an uns und an seiner Schöpfung zu tun begonnen hat, in seiner Geschichte, die er mit den Menschen eingegangen ist. Unser lebenslanges Fragen verstummt in unerschöpflicher Freude.

Wir müssen uns nicht verbergen oder verstellen vor Christus, in dessen Sterben und Leben wir aufgenommen wurden und der für uns eintritt. Unser verborgenes Leben und unser Lebenslauf stehen nun im Einklang miteinander.

Uns erwartet, dass unser mit Jesus Christus in Gott verborgenes Leben so offenbar wird, dass nichts mehr zwischen Gott und uns steht.

Uns erwartet, dass wir erkennen, wie wir in Gottes Augen erkannt sind. Diese Verheißung bereitet unser Altern für das künftige Leben bei Gott, für das »ewige Leben«.

ANMERKUNGEN

I. Menschen im Alter vor Gott

1. MENSCHEN IM ALTER

1 Glanz der Wirklichkeit. Gespräch mit dem Diakoniepräsidenten Ulrich Lilie über die neue Pflegereform, die Finanzierung und den Umgang mit alten Menschen in der Gesellschaft, in: Zeitzeichen 16 (2015/5), 37-40: 39.

2 G. Maio, Die Tiefenschichten des Lebens. Über Wert und Würde des Alters, in: Forschung und Lehre 21 (2014), 426-427: 427.

3 Ebd.

4 A. Finkielkraut, »Eine endlich jugendlich gewordene Gesellschaft«, in: Die Niederlage des Denkens. Deutsche Erstausgabe, Reinbek bei Hamburg 1989, 132-140: 136.

5 St. Lessenich, Zur Neuverhandlung des Alters in der Aktivgesellschaft. Eine soziologische Perspektive, in: Forschung und Lehre 21 (2014), 424-425: 425. Siehe auch T. Denninger/S. van Dyk/St. Lessenich/A. Richter, Leben im Ruhestand. Zur Neuverhandlung des Alters in der Aktivgesellschaft, Bielefeld 2014.

6 B. Friedan, Mythos Alter, Reinbek bei Hamburg 1995, 78.

7 M. Coors, Gutes Leben im Alter? Zur Ethik des Alter(n)s in Medizinethik und Theologie, in: VF 59 (2014/1), 28-38: 36.

8 Siehe Anm. 1.

9 Vgl. dazu: Altern in Würde. Das Konzept der Würde im vierten Lebensalter, hg. von T. Meireis, Zürich 2013.

10 Siehe zum Beispiel: Wie wird es sein? Was Seelsorge mit hochbetagten Menschen vermag, hg. von R. Famos und A.-M. Müller, Zürich 2015.

11 St. Heuser, Menschenwürde. Eine theologische Erkundung (Ethik im Theologischen Diskurs 8), Münster/W. 2004, 16-18. 205-206.

12 Letzteres versucht der Philosoph Thomas Rentsch mit seiner Auffassung, das Altern sei »Werden zu sich selbst«: Im Alter müssten sich die Fähigkeit, sich zu verständigen, und die Angewiesenheit auf Verständigung, der Umgang mit Sinnentwürfen, befreiende Abgrenzung und die Einstellung zur Endlichkeit – also alles, was die Stellung des Menschen in sämtlichen Lebensphasen kennzeichnet – unter verschärften Bedingungen bewähren. – Siehe S. Schicktanz/M. Schweda (Hg.), Pro-Age oder Anti-Aging? Altern im Fokus der modernen Medizin, Frankfurt a.M./New York 2012, 159-177: 160-169; Th. Rentsch/M. Vollmann (Hg.), Gutes Leben im Alter. Die philosophischen Grundlagen, Stuttgart [2]2015; Th. Rentsch/A. Kruse/H.-P. Zimmermann (Hg.), Gutes Leben im hohen Alter. Das Altern in seinen Entwicklungsmöglichkeiten und Entwicklungsgrenzen verstehen, Heidelberg 2012; dies. (Hg.), Altern in unserer Zeit. Späte Lebensphasen zwischen Vitalität und Endlichkeit, Frankfurt a.M./New York 2013.

2. »VOR GOTT«

1 E. Zenger zu Ps 90,11, in: Fr.-L. Hossfeld/E. Zenger, Psalmen 51-100 (HThKAT), Freiburg i.Br./Basel/Wien [2]2000, 611.
2 Vgl. J.G. Janzen, When Prayer Takes Place: Forays into a Biblical World, Eugene, OR 2012, 46.

3. DAS ALTERN ANNEHMEN

1 Th. Rentsch, Altern als Werden zu sich selbst. Philosophische Ethik der späten Lebenszeit, in: Th. Rentsch/M. Vollmann (Hg.), Gutes Leben im Alter, Stuttgart [2]2015, 189-206.
2 Zum Beispiel bei einer lebensbedrohlichen Erkrankung: J.G. Janzen, How Shall I Live My Cancer? Here I Am, in: The Christian Century 127, August 10, 2010, 28-32.

3   Vgl. B. Janowski, Konfliktgespräche mit Gott. Eine Anthro-
    pologie der Psalmen, Neukirchen-Vluyn 2003, 249-250.

4. »MEINE GESCHICHTE«?

1   Zum Beispiel: M. Vogt, »Du bist so jung wie Deine Zuversicht«.
    Einzelberatung älterer Menschen, in: R. Oetker-Funk/M.
    Dietzfelbinger/E. Struck/I. Volger (Hg.), Psychologische Be-
    ratung, Beiträge zu Konzept und Praxis, Freiburg i.br. 2003,
    231-254: 252.
2   D. Ritschl, Kunst des Altwerdens erlernen – Gerontologi-
    sche, theologische und persönliche Perspektiven, in: P.B.
    Stalder (Hg.), Vortragszyklus zum dritten Lebensabschnitt,
    Bd. 1, Basel 2007, 26-46.
3   Vgl. I.U. Dalferth, Glaube als Gedächtnisstiftung, in: ZThK
    104 (2007), 59-83: 82-83.
4   Übersetzung Buber-Rosenzweig.

II. Seele: geprägte Lebendigkeit

1. WO FINDET SICH DIE SEELE?

1   Art. https://de.wikipedia.org/wiki/Psychostasie (letzter Zu-
    griff: 1. August 2017).
2   H. Holzhey, Art. Seele IV. Neuzeit, in: HWP 9 (1995), 26-52:
    26-27.48-51; K. Stock, Art. Seele VI . Theologisch, in: TRE
    30 (1999), 759-773: 759-760.
3   Vgl. H. Plessner, Die Stufen des Organischen und der
    Mensch. Einleitung in die Philosophische Anthropologie,
    Berlin ²1965, bes. XIII-XV.
4   Ch. Taylor hat dem Reden von der Seele in seiner Rekon-
    struktion des Selbst in der Moderne keinerlei Bedeutung
    mehr zugemessen: Sources of the Self: The Making of
    the Modern Identity, Cambridge, MA 1989, übersetzt von
    J. Schulte: Quellen des Selbst. Die Entstehung der neuzeit-
    lichen Identität, Frankfurt a.M. 1996.

5 W. Pfeifer, Etymologisches Wörterbuch des Deutschen Q-Z, Berlin [Ost] 1989, 1602-1603: 1602.

6 [Fr.] Kluge, Etymologisches Wörterbuch der deutschen Sprache, bearbeitet von E. Seebold, Berlin/New York [23]1999, 312.

7 Vgl. etwa P. Wohlleben, Das geheime Leben der Bäume, München 2015; Das Seelenleben der Tiere, München 2016. – W. Schels und S. Schwabenthan, Die Seele der Tiere. Gesichter/Gefühle/Geschichten, München 2014, meinen, sogar deren »gefühlsstarkes Innenleben« fotografisch festhalten und darlegen zu können.

2. DIE SEELE ALS DESIDERAT EVANGELISCHER THEOLOGIE

1 Dies trifft auch für die katholische Theologie, die Philosophie und die Psychologie zu. Vgl. G. Gasser (Hg.), Die Aktualität des Seelenbegriffes. Interdisziplinäre Zugänge, Paderborn 2010; J. Dierken (Hg.), Leibbezogene Seele? Interdisziplinäre Erkundungen eines kaum noch fassbaren Begriffs, Tübingen 2015.

2 Siehe Kapitel 5: »Die Hoffnung der Seele«.

3 Damit setzte sich W. Joest implizit in seiner auch systematisch-theologisch ergiebigen Studie »Ontologie der Person bei Luther« (Göttingen 1967) auseinander.

4 K. Barth, Die Kirchliche Dogmatik, Bd. III/2, Zollikon-Zürich 1948, 420.

5 Barth, a.a.O., 436.

6 Barth, a.a.O., 500-511.

7 W. Pannenberg, Anthropologie in theologischer Perspektive, Göttingen 1983, 508-509; bereits: Was ist der Mensch? Die Anthropologie der Gegenwart im Lichte der Theologie, Göttingen 1962, 11.

8 P. Tillich, Systematische Theologie, Bd. 3, Stuttgart 1966, 35.

9 Siehe etwa die Leitlinien der EKD zur evangelischen Krankenhausseelsorge: Die Kraft zum Menschsein stärken. Auftrag, Ziele und Ausrichtung der Krankenhausseelsorge, hg. vom Kirchenamt der EKD, [Hannover] 2004.

10 H. Seebass, Art. *næpæš*, in: ThWAT 5 (1986), 531-555: 545;
   [W.] Gesenius, Hebräisches und Aramäisches Handwörter-
   buch über das Alte Testament, hg. von H. Donner, Gesamt-
   ausgabe Berlin [18]2013, 833-834.
11 W. Eichrodt, Theologie des Alten Testaments, Bd. 1, Leipzig 1935, 67; Cl. Westermann, Art. *næfæš* Seele, in: ThAT 2
   (1976), 71-96: 73.
12 W.H. Schmidt, Anthropologische Begriffe im Alten Testament. Anmerkungen zum hebräischen Denken, in: EvTh 24
   (1964), 374-388: 378.
13 Westermann, Seele (s. Anm. 11), 79-82.
14 G. von Rad, Theologie des Alten Testaments, Bd. 1, München
   1957, 157.
15 Von Rad, ebd.; H. Seebass, Genesis I. Urgeschichte (1,1-
   11,26), Neukirchen-Vluyn 1996, 107; B. Janowski, Konfliktgespräche mit Gott. Eine Anthropologie der Psalmen,
   Neukirchen-Vluyn 2003; J. van Oorschot/A. Wagner (Hg.),
   Anthropologie(n) des Alten Testaments (VWGTh 42), Leipzig 2015; dies. (Hg.), Individualität und Selbstreflexion in
   den Literaturen des Alten Testaments (VWGTh 48), Leipzig
   2017.
16 Seebass, *næpæš* (s. Anm. 10), 545.
17 Seebass, Genesis (s. Anm. 15), 107.
18 Seebass, a.a.O., 97.
19 Janowski, Konfliktgespräche (s. Anm. 15), 206.
20 Schmidt, Anthropologische Begriffe (s. Anm. 12), 381.
21 E. Jooß, Eine kleine Phänomenologie der Seele, in: Seele.
   Hermeneutische Blätter 1/2 (2005), 16-19: 18.
22 So übersetzt Janowski, Konfliktgespräche (s. Anm. 15), 208.
23 Siehe z.B. Janowski, Konfliktgespräche (s. Anm. 15), 8-9 und
   210 mit Bezug auf 44 (»Der ›ganze Mensch‹«) im Anschluss
   an H.W. Wolff, Anthropologie des Alten Testaments, München 1973. Vgl. die Gegenargumente J. Barrs im Blick auf
   Gen 2-3: The Garden of Eden und the Hope of Immortality,
   Minneapolis, MN 1992, 36-38.
24 Vgl. Ph. Stoellger, Die Seele als Leib und der Leib als Seele.
   Überlegungen zu einer Grundfigur theologischer Rede, in:
   Seele (s. Anm. 21), 20-33: 23.

25 Dass zu dieser Einheit wesenhaft der »Geist« gehört, soll in Kapitel 3: »Der Mensch als Seele« berücksichtigt werden.

26 Mit dieser Reduktion hat sich auch E. Lévinas auseinandergesetzt, in: ders., Jenseits des Seins oder anders als Sein geschieht, Freiburg i.Br./München ²1998, 160-164. 308-316.

27 Wie buntscheckig dieser Austausch ausfällt, zeigt die Synopse neuerer Bibelübersetzungen (https://www.bibleserver.com).

28 Vgl. hierzu M. Rösel, Die Geburt der Seele in der Übersetzung. Von der hebräischen *näfäsch* über die *psyche* der LXX zur deutschen Seele, in: A. Wagner (Hg.): Anthropologische Aufbrüche. Alttestamentliche und interdisziplinäre Zugänge zur historischen Anthropologie (FRLANT 232), Göttingen 2009, 151–170.

29 A. Dihle, Art. *ψυχή κτλ*. C. Judentum I.1, in: ThWNT 9 (1973), 630.

30 G. Dautzenberg, Art. Seele IV. Neues Testament, in: TRE 30 (1999), 744-748: 745.

31 Fr. Rosenzweig, Die Schrift und Luther (1926), in: Die Schrift. Aufsätze, Übertragungen und Briefe, hg. von K. Thieme, Frankfurt a. M. [o.J.], 51-77: 74.

32 Rosenzweig, ebd.

33 Westermann, Seele (s. Anm. 11), 95-96.

34 U. Poplutz, De immortalitate animae. Antike Vorgaben und das Neue Testament, in: Seele (s. Anm. 21), 42-54: 50-51.

35 H. Jonas, Philosophische Meditation über Paulus, Römerbrief, Kapitel 7, in: Zeit und Ewigkeit. Dankesgabe an Rudolf Bultmann zum 80. Geburtstag, hg. von E. Dinkler, Tübingen 1964, 557-570: 567. Jonas ordnet diese »Reflexion des Willens« der Selbstreflexion zu.

36 R. Bultmann, Theologie des Neuen Testaments, Tübingen ²1954, 201.

37 Zu diesem »Wortwechsel« siehe G. Sauter, Das verborgene Leben. Eine theologische Anthropologie, Gütersloh 2011, 304-310, bes. 306.

3. DER MENSCH ALS SEELE

1 M. Luther, Das Magnificat verdeutschet und ausgelegt (1521), WA 7,551,1: Seele »wirt offt ynn der schrifft für ›das leben‹ genummen.«

2 M. Luther, Predigt vom 2.7.1534 über Lk 1,46-47, WA 37,474,14-16: »›Mein Seel‹, non possumus deudsch geben, assuescendum hebraicae linguae, quia non possunt omnia reddi germanice, leib und leben regt sich. Es ghet mir durch leib und leben, das 5 synn frolich werden et totum cor.«

3 Übersetzung Buber-Rosenzweig.

4 Übersetzung Buber-Rosenzweig.

5 H.W. Wolff, Anthropologie des Alten Testaments, München 1973, 61.

6 G.W.Fr. Hegel, Enzyklopädie der philosophischen Wissenschaften im Grundrisse (1830), §§ 409-410, hg. von Fr. Nicolin/O. Pöggeler, Berlin 1966, 339-342. Zum »menschlichen Ausdruck« s. § 411, 343.

7 [Fr.] Kluge, Etymologisches Wörterbuch der deutschen Sprache, Berlin/New York [23]1999, 323 (»gewöhnen«), 896 (»wohnen«).

8 Hegel, Enzyklopädie, § 410, 340-341.

9 H. Assel, Gewohnheit: Negativität der Seele und Zeichen des Leibes. Hegel über ›Seele‹, in: Seele. Hermeneutische Blätter 1/2 (2005), 84-101: 98.

10 Zum Verständnis des Herzens vgl. B. Janowski, Konfliktgespräche mit Gott, Neukirchen-Vluyn 2003, 167-170.

11 Platon, Apologie 29d/e und 30a/b.

12 Siehe G.W.H. Lampe, A Patristic Greek Lexicon, Art. ψυχή, Oxford 1961, 1542-1554.

13 Ein markantes Exempel dafür, auch für die entstandenen Aporien, ist Gregor von Nyssas Dialog »De anima et resurrectione« (nach 379) (CPG 3149).

14 M. Luther, Das Magnificat (s. Anm. 1), WA 7,550-551. – Zur Interpretation vgl. W. Joest, Ontologie der Person bei Luther, Göttingen 1967, 183-187; H. Assel, Person bei Luther und Kant. Fundamentalethische Perspektiven. Veröffentlichungen der Luther-Akademie Sondershausen-Ratzeburg, Bd. 2, Erlangen 2005, 55-80.

15 Vielleicht hat Luther bei seiner metaphorischen Umschrei-
bung auch an 1 Kor 3,16-17 gedacht, wo Paulus Christen
als »Tempel Gottes« anspricht.

16 Assel, Person (s. Anm. 14), 68. – Zum Thema siehe auch:
E. Maurer, Der Mensch im Geist. Untersuchungen zur Anthropologie bei Hegel und Luther (BEvTh 116), Gütersloh 1996.

4. DIE SEELE IM GEBET

1 M. Kähler, Zum gegenwärtigen Stand der Theologie (1903),
wiederveröffentlicht mit dem Titel: Die Theologie in ihrer Bedeutung für die Gemeinde dargestellt, in: Zeit und Ewigkeit.
Dogmatische Zeitfragen, Bd. 3, Leipzig 1913, 1-20: 1. 3.

2 G. Sauter, Katechismus-Grammatik, in: Denkraum Katechismus. Festgabe für Oswald Bayer zum 70. Geburtstag, hg.
von J. von Lübke/E. Thaidigsmann, Tübingen 2009, 19-34:
27-30.

3 H.-J. Kraus, Psalmen 64-150 (BKAT XV/2), Neukirchen-Vluyn
[4]1972, 702.

4 Zum »Gottsegnen« siehe M.L. Frettlöh, Theologie des Segens. Biblische und dogmatische Wahrnehmungen, Gütersloh 1998, 384-403.

5 H. Cohen, Religion der Vernunft aus den Quellen des Ju-
dentums, Köln [2]1928, Wiederabdruck 1959, 451: »Das Volk,
als die Gemeinde, entspricht dem Ich der Psalmen, dieser
Grundform des Gebetes.« Siehe dazu: H. Wiedebach, Psy-
chosomatische Psalmen-Ethik (Hermann Cohen), in: Ethik
und Poetik des Psalters, hg. von H. Assel/St. Beyerle, Berlin/
Boston (soll 2021 erscheinen).

6 Die folgenden beiden Abschnitte sind mit einigen Veränderungen übernommen aus G. Sauter, Das verborgene Leben,
Gütersloh 2011, 218-219.

7 Siehe die Auslegung von P. Ochs, Israels Erlöser ist der Eine
und Einzige, zu dem und mit dem Israel betend spricht, in:
EvTh 64 (2004), 405-420.

8 M. Luther, Der kleine Katechismus (1529), WA 30/I,320,6-
18; BSLK 521,25-35.

9 Luther, a.a.O., WA 30/I, 320,23-24; BSLK 521,37-38.

5. DIE HOFFNUNG DER SEELE

1   Übersetzung Buber-Rosenzweig.

2   Übersetzung Buber-Rosenzweig: »denn von ihm her ist meine Hoffnung.«

3   M. Luther, Vorlesung über den Römerbrief (1515-1516), WA 56,158,9 (zu Röm 1,1): »[...] omnia, que extra nos sunt et in Christo.«

4   Damit ist nur ein Aspekt der komplexen Auffassung von einer »unsterblichen Seele« angedeutet; sie auszuführen würde eine eigene Abhandlung erfordern. Zum innertheologischen, auch kontroverstheologischen Streit darüber in neuerer Zeit siehe G. Sauter, Einführung in die Eschatologie, Darmstadt [2]2005, 191-200; W. Beinert, »Unsterblichkeit der Seele« versus »Auferstehung der Toten«?, in: H. Kessler (Hg.), Auferstehung der Toten. Ein Hoffnungsentwurf im Blick heutiger Wissenschaften, Darmstadt 2004, 94-112; K.-H. Menke, Das unterscheidend Christliche. Beiträge zur Bestimmung seiner Einzigkeit, Regensburg 2015, 497-504.

5   M. Luther, Epistel S. Petri gepredigt und ausgelegt (1523), WA 12,267,13.

6   Übersetzung von H. Schlier, Der Brief an die Galater (KEK 7), Göttingen [6]1971, 87.

7   A. Schlatter, Paulus der Bote Jesu. Eine Deutung seiner Briefe an die Korinther, Stuttgart 1934, 109.

8   M. Luther, Genesisvorlesung (1535-1545), WA 43,481,32-35 (zu Gen 26,24 und Jes 26,19): »Ubi igitur et cum quocunque loquitur Deus, sive in ira, sive in gratia loquitur, is certo est immortalis. Persona Dei loquentis et verbum significant nos tales creaturas esse, cum quibus velit loqui Deus usque in aeternum et immortaliter.«

III. Was gibt das Altern theologisch zu denken?

1   M. Luther, Tessaradecas consolatoria pro laborantibus et oneratis (1520): »Neque enim praesentiorem manum dei

super se quilibet sentit quam dum recogitat annos vitae praeteritae [...]«, WA 6,110,31-32.

1. ALTER(N)SBILDER

1 Auch schon in jungen Jahren, sogar als Lebensgefühl einer ganzen Generation:»I hope I die before I get old.« P.S.B. »Pete« Townshend, geb. 1945, Songwriter der britischen Rockband»The Who«, in:»My generation«, 1965.
2 Siehe dazu z.b.: Im Alter neu werden können. Evangelische Perspektiven für Individuum, Gesellschaft und Kirche. Eine Orientierungshilfe des Rates der EKD, Gütersloh 2010; C. Coenen-Marx, Noch einmal ist alles offen. Das Geschenk des Älterwerdens, München 2017.
3 Siehe den Überblick»Alter(n)sbilder und ihre Ethik« von St. Heuser, Das Altern und der neue Mensch. Wortwechsel über einen rätselhaften Lebensvorgang, in: EvTh 77 (2017), 194-211: 197-204, bes. 202.

2. ALTERSGESTALTUNG

1 Vgl. das Materialheft zur Eröffnung der ökumenischen Woche 2016:»Alter in Würde«, hg. vom Sekretariat der Deutschen Bischofskonferenz und vom Kirchenamt der Evangelischen Kirche in Deutschland, Bonn/Hannover 2016.
2 K. Kardinal Lehmann, Die Würde des Alters und die Vollendung des Lebens, Leipzig [2017], 18.
3 Siehe C. Morgenthaler, Systemische Seelsorge. Impulse der Familien- und Systemtherapie für die kirchliche Praxis, Stuttgart ⁴2005; C. Thomann/F. Schulz von Thun, Klärungshilfe, Bd. 1: Handbuch für Therapeuten, Gesprächshelfer und Moderatoren in schwierigen Gesprächen, Reinbek bei Hamburg ⁴2007; M. Rufer, Erfasse komplex, handle einfach. Systemische Psychotherapie als Praxis der Selbstorganisation. Ein Lernbuch, Göttingen 2012.
4 A. Kruse, Resilienz bis ins hohe Alter, Wiesbaden 2015.
5 Siehe dazu: G. Sauter, Das verborgene Leben. Eine theologische Anthropologie, Gütersloh 2011, 106-114. – Zum Bei-

spiel kombiniert Thomas Rentsch Entwicklungspsychologie, Hermeneutik als Sinnverstehen und Handlungstheorie und spricht von der »Sinnkonstitution« des menschlichen Daseins, die sich in der letzten Lebensphase besonders zu bewähren habe: Altern als Werden zu sich selbst. Philosophische Ethik der späten Lebenszeit, in: Th. Rentsch/M. Vollmann (Hg.), Gutes Leben im Alter. Die philosophischen Grundlagen, Stuttgart [2]2015, 189-206: 198.

6   M. Benary-Isbert, Das Abenteuer des Alterns (1965), Frankfurt a.M. [15]1972.

7   J. Fuchsberger, Altwerden ist nichts für Feiglinge, Gütersloh 2011.

8   A. Gawande, Being Mortal: Illness, Medicine and What Matters in the End, New York, NY 2015; dt.: Sterblich sein: Was am Ende wirklich zählt. Über Würde, Autonomie und eine angemessene medizinische Versorgung, übers. von S. Röckel, Frankfurt a.M. 2015. Was Gawande im Blick auf die nordamerikanische Szenerie der Gestaltung des Alterns beschreibt, ist graduell verschieden auch in Deutschland und anderen hochindustrialisierten Ländern zu beobachten.

3. GESTALTET WERDEN

1   B. Janowski, Anthropologie des Alten Testaments. Grundfragen – Kontext –Themenfelder, Tübingen 2019, 543.

2   Janowski, Anthropologie, 77 mit Verweis auf Gen 2,7; Ps 104,29; Koh/Pred 12,7; vgl. Gen 3,17. – Dieses Doppel prägt auch die christliche Begräbnisliturgie.

3   Vgl. Janowski, Anthropologie, 78.

4   K. Kardinal Lehmann, Die Würde des Alters und die Vollendung des Lebens, Leipzig [2017], 26.

4. GOTTES BEDÜRFTIG SEIN

1   S. Kierkegaard, Vier erbauliche Reden 1844, in: Gesammelte Werke, hg. von E. Hirsch und H. Gerdes, Abt. 13/14, übersetzt von E. Hirsch, Düsseldorf/Köln 1964; Lizenzausgabe Gütersloh 1981, 5-34.

2 Zu dieser Auslegungstradition vgl. H. Schlier, Der Brief an die Epheser, Düsseldorf ³1962, 173-174.

5. ERINNERT WERDEN

1 K. Fischer, Ein steinharter Lutheraner. Fällige Erinnerung an den leidenschaftlichen Theologen Peter Brunner, in: Lutherische Monatshefte 34 (1995/6), 23-25.
2 Siehe dazu: E. Lohmeyer, Die Offenbarung des Johannes (HNT 16), Tübingen 1926, 160-161.
3 Vgl. J. Roloff, Die Offenbarung des Johannes, Zürich 1987, 196.
4 Vgl. I.U. Dalferth, Glaube als Gedächtnisstiftung, in: ZThK 104 (2007), 59-83: 83.
5 Vgl. dazu: J. Barton/G. Sauter (ed.), Revelation and Story: Narrative Theology and the centrality of story, Aldershot et al. 2000; dt.: Offenbarung und Geschichten. Ein deutsch-englisches Forschungsprojekt (Beiträge zur theologischen Urteilsbildung 10), Frankfurt a.M. u.a. 2000.

6. SICH ERINNERN

1 A. Appelfeld, Für alle Sünden (1989), München 2000; Die Eismine, Berlin 2000; Zeit der Wunder, München 2002.
2 L. Begley, Wartime Lies, New York, NY 1991, übersetzt von C. Krüger: Lügen in Zeiten des Krieges, Frankfurt a.M. 1994.
3 E. Menasse, »Wir müssen zulassen, dass alle unsere jeweiligen Fabeln nebeneinander existieren.« In: Ethik im Gespräch. Autorinnen und Autoren über das Verhältnis von Literatur und Ethik heute, hg. von S. Waldow, Bielefeld 2011, 85-96.
4 Paul Ricœur plädiert für eine »narrative Identität«, mit der »ich selbst« mich als Erzähler konstituiere, der »auch die Veränderung und Bewegheit im Zusammenhang [s]eines Lebens einbegreifen« kann: P. Ricœur, Temps et récit, tome 3: Le temps raconté , Paris 1985; aus dem Französischen von A. Knop: Zeit und Erzählung, Bd. 3: Die erzählte Zeit, München 1991, 392-400: 396. Ricœurs Konzeption nimmt

Michael Coors für das Verständnis des Alterns auf: M. Coors, Die Zeit menschlichen Lebens zur Sprache bringen. Altern und narrative Refiguration der menschlichen Zeit durch Kalender, Generationenfolge und Spur, in: Zeitschrift für Praktische Philosophie 1 (2014), 327-358; Altern und Tod. Zur narrativen Refiguration der Endlichkeit menschlicher Lebenszeit in Gerontologie und Theologie, in:»Die Moral von der Geschicht' ...«. Ethik und Erzählung in Medizin und Pflege, hg. von M. Hofheinz/M. Coors, Leipzig 2016, 185-200; Embodied Time: The Narrative Refiguration of Aging, in: Aging und Human Nature. Perspectives from Philosophical, Theological, and Historical Anthropology, ed. M. Schweda/ M. Coors/C. Bozzaro, Cham 2020, 129-141; Altern und Lebenszeit. Phänomenologische und theologische Studien zur Anthropologie und Ethik des Alterns (HUTh 78), Tübingen 2020.

5 Vgl. G. Sauter, Das verborgene Leben, Gütersloh 2011, 266-271.

6 So interpretiert H.-J. Kraus, Psalmen 64-150 (BKAT XV/2), Neukirchen-Vluyn ⁴1972, 701.

7. HOFFEND GEDENKEN

1 M. Robinson, Gilead, New York, NY 2004; aus dem Amerikanischen von U. Strätling, Frankfurt a.M. 2016.

2 »Gilead« ist hier nicht nur ein der Bibel entlehnter Ortsname, wie häufig in den USA, sondern hat wohl auch symbolische Bedeutung, vielleicht in Anlehnung an ein traditionelles Spiritual, das Befreiung erhofft, wie Jeremia mit seiner Klage »Ist denn kein Balsam mehr in Gilead? Ist kein Arzt mehr dort?« (Jer 8,22).

Robinsons Siedlung Gilead, ein Vorposten der Pioniere, deren Nachkommen für Sklavenbefreiung kämpften, ist ein »Berg des Zeugnisses« in unwirtlicher Gegend.

Dieses Gilead ist ein Gegenbild zur »Republik Gilead«, die Margaret Atwood in »The Handmaid's Tale«, New York, NY 1985 (übersetzt von H. Pfetsch: Der Report der Magd, München 1987), als Schreckensherrschaft eines patriarchalisch organisierten Polizeitstaates schildert, entstanden aus Furcht und exzessiver Gewalt nach innen wie nach außen.

3 Die Erinnerung daran, wie es zur Heirat gekommen ist (Gilead, 262-270), deckt sich nicht mit dem Bericht seiner Frau (in M. Robinson, Lila, New York, NY 2014; aus dem Amerikanischen von U. Strätling, Frankfurt a.M. 2015).

4 Robinson, Gilead, 233. 261.

5 Robinson, a.a.O., 271.

6 Robinson, a.a.O., 307.

7 St. Hauerwas, Hannah's Child: A Theologian's Memoirs, Grand Rapids, MI 2010; »Hannah« ist der Name seiner Mutter. – Im Nachwort zur 2. Auflage 2012 reflektiert Hauerwas über die Niederschrift dieses Buches.

8 B. Brock/St. Hauerwas, Beginnings: Interrogating Hauerwas, ed. K. Hargaden, London 2017. Siehe auch Hauerwas, Auf die Lücken achten, oder: Wenn Theologen ihre Memoiren schreiben, in: »Sagen, was Sache ist.« Versuche explorativer Ethik. Festgabe zu Ehren von Hans G. Ulrich [zum 75. Geburtstag], hg. von G. den Hertog/St. Heuser/M. Hofheinz/B. Wannenwetsch, Leipzig 2017, 212-228.

9 Hauerwas, Auf die Lücken achten, 226.

10 Hauerwas, a.a.O., 225.

11 Hauerwas, a.a.O., 226.

12 Hauerwas, a.a.O., 228.

13 Ebd.

8. DIESSEITS UND JENSEITS DER FRAGE »WIE KANN ICH BESTEHEN?«

1 Siehe dazu: G. Sauter, Das verborgene Leben, Gütersloh 2011, 100-103.

2 [Fr.] Kluge, Etymologisches Wörterbuch der deutschen Sprache, bearbeitet von E. Seebold, Berlin/New York [23]1999, 309; P. Heidrich/U. Dierse, Art. Gelassenheit I.II., in: HWP 3, Basel/Stuttgart 1974, 219-224: 219-222.

3 Vgl. R. Landau, Brannte nicht unser Herz. Gespräche auf dem Wege, Stuttgart 2018, 55-56.

4 M. Luther, Große Vorlesung über den Galaterbrief (1531,

Druck 1535), WA 40/I,589,25-28 (zu Gal 4,6): »Atque haec est ratio, cur nostra Theologia certa sit: Quia rapit nos a nobis et ponit nos extra nos, ut not nitamur viribus, conscientia, sensu, persona, operibus nostris, sed eo nitamur, quod est extra nos, Hoc est, promissione et veritate Dei, quae fallere non potest.«

5 M. Luther, Vorlesung über den Römerbrief (1515-1516), WA 56,158,9 (zu Röm 1,1): »[...] omnia, que extra nos sunt et in Christo.«

6 Übersetzung von H. Schlier, Der Brief an die Galater (KEK 7), Göttingen ⁵1971, 87.

7 St. Heuser, Das Altern und der neue Mensch, in: EvTh 77 (2017), 210.

9. VOM LEBEN ZUM TOD GESCHIEDEN WERDEN

1 Vgl. G. Sauter, Gottes schöpferisches Vergeben, in: Schuld und Vergebung. Festschrift für Michael Beintker zum 70. Geburtstag, hg. von H.-P. Großhans/H.J. Selderhuis/A.Dölecke/M. Schleiff, Tübingen 2017, 341-355: 345-351.

2 In der Apk werden wechselweise Gott und Christus als Richter genannt – sie wirken vereint. Paulus spricht vom »Gerichtsthron Gottes« (Röm 14,10) und vom »Gerichtsthron Christi« (2 Kor 5,10).

3 P. Stuhlmacher, Das Endgericht nach den Werken, in: Der Brief an die Römer (NTD 6), Göttingen ²1998, 44-46: 45.

4 H.D. Hüsch, Einleitung, in: Das Schwere leicht gesagt, Freiburg i.Br. ⁵1994, 9-11: 11.

10. WIR WERDEN ERWARTET!

1 Titel eines Romans von U. Hahn (Wir werden erwartet, Stuttgart 2017), als Motiv aufgenommen und theologisch vertieft von G.A. Albrecht in seiner »Sinfonia di due mondi« für großes Orchester und Mezzosopran mit Texten von Ulla Hahn, uraufgeführt am 26. August 2019 in Weimar.

2 H.-J. Kraus, Psalmen 64-150 (BKAT XV/2), Neukirchen-Vluyn ⁴1972, 916-917.

3 J. Roloff, Die Offenbarung des Johannes, Zürich 1987, 200.

4 M. Luther, Der kleine Katechismus (1529), WA 30/I,260,31-261,1-2; BSLK 520,29-30.

5 Roloff, Die Offenbarung des Johannes, 199.

6 Vgl. dazu: G. Thomas, Gottes Lebendigkeit. Beiträge zur Systematischen Theologie, Leipzig 2018, 231-236. 315. Ob allerdings, wie Thomas meint, die »eschatologische Neuzuwendung Gottes« als »rettende Transformation« der veränderungsbedürftigen und entwicklungsfähigen Schöpfung gedacht werden kann, dürfte der biblischen Rede von der neuen Schöpfung nicht entsprechen. Ihr Ton liegt auf Gottes Handeln, der seine Geschichte mit den Menschen weiterführt, indem er sein Volk zum Jubel umwandelt »für alles, was ich schaffe« (Jes 65,18). Gott wendet sich erlösend dem zu, was er erschaffen hat, um ihm eine neue Gestalt zu geben. Mit dem Frohlocken derer, die neu geschaffen sind, steht Gottes Jubel über sie im Einklang.

7 Übersetzung von Roloff, Die Offenbarung des Johannes (s. Anm. 3), 197.

8 R. Bultmann, Das Evangelium des Johannes (KEK II), Göttingen [21]1986, 449. Bultmann bezieht dieses »Wiedersehen« auf die »Ostererlebnisse« (448). Die Ostergeschichten erzählen jedoch von zahlreichen erheblichen Fragen der Jünger, als sie Jesus wiedersahen.

11. IN VEREINSAMUNG GETRÖSTET UND ZUVERSICHTLICH WERDEN

1 Vgl. G. Sauter, Einführung in die Eschatologie, Darmstadt [2]2005, 154-155.

2 H.D. Hüsch, Choral, in: Das Schwere leicht gesagt, Freiburg i.Br. [5]1994, 36-37.

3 Vgl. das Gleichnis vom barmherzigen Samariter (Lk 10,25-37).

4 Übersetzung Buber-Rosenzweig.

5 H.-J. Kraus, Psalmen 1-63 (BKAT XV/1), Neukirchen-Vluyn [4]1972, 190.

6 Vgl. H. Gese, Psalm 22 und das Neue Testament. Der älteste

Bericht vom Tode Jesu und die Entstehung des Herrenmahles (1968), in: Vom Sinai zum Zion. Alttestamentliche Beiträge zur biblischen Theologie (BEvTh 64), München 1974, 180-201: 180. 192. 196.

12. GEHALTEN WERDEN VON DER LEBENSFORM DER LEBENSGEMEINSCHAFT MIT GOTT

1 Hans G. Ulrich vermeidet die Bezeichnung »Lebensform«, weil oft an »Lebensweise« oder »Lebensstil« gedacht sei und solche »Lebensformen« nebeneinander bestehen und in Einzelheiten kombiniert werden könnten. Er zieht es vor, von »Lebensgestalt« oder »Existenzform« zu sprechen, damit im Blick bleibt, »dass es um ein Werden, eine Passio des Menschen geht«, »ein Geformt-Werden«, »ein Gerufen-Werden und ein immer neu Geschaffen-Werden« (H.G. Ulrich, Wie Geschöpfe leben. Konturen evangelischer Ethik [Ethik im Theologischen Diskurs 2], Münster/W. 2005, 21. 322). Obwohl ich Ulrichs Kritik eines diffusen Sprachgebrauchs und seiner Begriffsbestimmung beipflichte, möchte ich doch »Lebensform« in der eben erklärten Bedeutung beibehalten.

2 Wie zum Beispiel bei J.K.A. Smith, Desiring the Kingdom: Worship, Worldview, and Cultural Formation (Cultural Liturgies, vol. 1), Grand Rapids, MI 2009.

3 K. Rowe, On True Life: The Stoics and Early Christians as Rival Traditions, New Haven, CT 2016, 255.

4 D. Bonhoeffer, Nach zehn Jahren [Rechenschaft an der Wende zum Jahr 1943], in: Widerstand und Ergebung (DBW 8), hg. von Chr. Gremmels/E. Bethge/R. Bethge, Gütersloh 1998, 19-39 (»Einige Glaubenssätze über das Walten Gottes in der Geschichte«): 30-31.

5 Vgl. Ulrich, Wie Geschöpfe leben (s. Anm. 1), 90-91 und 310-315: »Lasst Euch Eure Lebensgestalt verändern ...«.

6 Ulrich, a.a.O., 138.

7 G. Sauter, Schrittfolgen der Hoffnung. Theologie des Kirchenjahres, Gütersloh 2015, 28-29.

8 Vgl. G. Sauter, Katechismus-Grammatik, in: Denkraum Katechismus. Festgabe für Oswald Bayer zum 70. Geburtstag, hg.
von J. von Lüpke/E. Thaidigsmann, Tübingen 2009, 19-34.

9 So lautet die theologische Definition des Menschen bei M.
Luther, Disputatio de homine (1536), These 32, WA 39/
I,176,34-35.

13. LEBEN AUF GOTT HIN

1 »Selbst die Senioren sind nicht mehr die alten ...«. Prak-
tisch-theologische Beiträge zu einer Kultur des Alterns
(Theologie und Praxis 17), hg. von W. Fürst/A. Wittrahm/
U. Feeser-Lichterfeld/T. Kläden, Münster/W. 2003, 7; zu-
sammenfassend 246-247.

2 P. Sloterdijk, Du musst dein Leben ändern. Über Religion,
Artistik und Anthropotechnik, Frankfurt a.M. 2009.

3 H. Arendt, The Human Condition, Chicago, IL 1958; dt. Ausgabe: Vita activa oder Vom tätigen Leben, München (1967)
[3]2002, 300-311.

4 St. Heuser, Vergesslich, aber nicht vergessen. Eine theo-
logisch-ethische Exploration von Demenz, in: »Sagen, was
Sache ist«, hg. von G. den Hertog u.a., Leipzig 2017, 229-
245: 241.

Penguin Random House Verlagsgruppe FSC® N001967

1. Auflage
Copyright © 2021 Gütersloher Verlagshaus, Gütersloh,
in der Penguin Random House Verlagsgruppe GmbH,
Neumarkter Str. 28, 81673 München

Umschlagmotiv: pixabay.com
Druck und Bindung: GGP Media GmbH, Pößneck
Printed in Germany
ISBN 978-3-579-06219-8
www.gtvh.de